青垣双書 1

芝村騒動と龍門騒動

大和の百姓一揆

上島秀友
上田龍司

青垣出版

目次

カバーデザイン／根本　眞一（株）クリエイティブ・コンセプト
カバー写真／〈表〉稲穂〈裏〉伊勢街道（奈良県吉野町山口）

巻頭言

江戸時代、大和（奈良県）で二つの百姓一揆が起きた。

芝村騒動は、芝村藩（織田輔宣《すけよし》藩主）の預り地となっていた大和盆地南部の天領（幕府領）で起きた。宝暦三年（一七五三）、十市郡内の九カ村が決起。京都町奉行所に箱訴した。箱訴は合法手段だったはずなのだが、村役人らが江戸に召し出され、吟味（取り調べ）が開始された。吟味は苛酷を極め、次々と犠牲者が出た。取り調べの対象は式上郡、式下郡や葛下郡の村役人にも拡大、四十人以上が獄死した。

龍門騒動は、吉野山間地の旗本中坊秀政領（三千五百石）で起きた。

文政元年（一八一八）、龍門郷十四カ村の百姓たちが現在の吉野町平尾にあった代官屋敷を襲い、浜島清兵衛代官を殺害した。参加者たちは奈良町奉行所に連行され、「ゑびせめ」「木馬せめ」など苛酷な取り調べ。死罪など極刑となったのは四人だったが、牢死者を含む犠牲者は二十一人に上った。

一方は、豊かなはずの大和盆地の天領で。

一方は、吉野山間地の私領で。

それぞれに経緯や事情があった。

共通するのは多くの犠牲者を出したことである。それも仕置（判決）によってではなく、吟味（取り調べ）中の獄死者が大半だったことである。


（青垣双書編集部）

大和・天領の百姓一揆

芝村騒動

上島　秀友

はじめに

江戸時代の大和の百姓、特に天領（幕府直轄領）の百姓は過酷な年貢の取り立てもなく、比較的恵まれていたと思われがちです。

吉田松陰は幕末の嘉永《かえい》六年（一八五二）二月に、大和五條の儒者森田節斎《せっさい》を訪れるため、大坂から竹ノ内峠（葛城市竹内）を越えて大和に入ります。峠を越えた松陰の目にとまったのは、「菜葉麦《さいようばく》芽接空緑《がそらにせつしみどりに》、一望澹々春正和《たんたんはるまさにわす》」（『癸丑《きちゅう》遊歴日録《にちろく》』）という早春の田園風景でした。今でいうと三月頃のことですが、二毛作の麦や換金作物である菜種《なたね》などが一面蒼々《あおあお》とし、立派な大和棟の村々が点在している風景を一望し、大和の農村の豊かさに感心しているのです。

司馬遼太郎の母親はその當麻の竹内の出身です。したがって少年時代は母親の実家で過ごすことが多く、サヌカイト石器を探したことなど、そのときの懐かしい思い出を「竹内街道」（『峠を行く 1』）に書いていています。「私も半分以上は奈良県人でありまして……私の母親が、この高田から見ることのできます葛城山の麓の竹之内という村の出身でありまして、私も子供の時は、ほとんどそこにおり…故郷（ふるさと）というものは、やはり大事で、故郷というものは、やっぱり大和のような感じがするわけであります」（『高田の星』堀江彦三郎）と語っています。

「半分以上は奈良県人」と自認する司馬遼太郎が、『この国のかたち二』のなかの「天領と藩領」で、大和の天領について次のように述べています。

たとえば、大和（奈良県）の大半は天領だった。

（中略）

大和のよさは古寺だけではなく、民家もそうである。

もし古寺が、白壁・大和棟といったこの地方の大型農家にかこまれていず、裸で野に孤立しているとしたら、大和の景観はよほど貧寒としたものになるにちがいない。白壁・大和棟は、天領の租税の安さの遺産と考えていい。

江戸時代、米の収穫の四割を公がとり、六割をその百姓のとりぶんにすることを、四公六民といった。幕府は天領における税率をこの程度の安さにおさえていた。

江戸初期をすぎると、幕府財政が苦しくなり、六代、七代将軍を補佐した新井白石なども『折たく柴の記』のなかで、すでに五代将軍のときに毎年の支出が収入の倍になり、財政がゆきづまったとしている。白石はその補佐時代、財政で四苦八苦した。それでも四公六民（ときに三公七民）という税率を守った。

白石時代のあと、八代将軍吉宗が、幕府を改革し、中興の祖といわれた。かれは、天領の租税の安さに気づき、なんとか比率をひきあげようとしたが、五公五民になることだけは自制した。

大和約五〇万石のうち天領は約二〇万石で、もっとも大きな藩である大和郡山藩（以下「郡山藩」とします）が実質一二万石（時代によって変わる）でしたから、「大和（奈良県）の大半は天領だった」というのは、おおむね正しいでしょう。

これに対して司馬遼太郎は、藩領の年貢の厳しさを強調しています。

> 大名領は、ひどかった。
> なにしろ、藩というのは基本的に物要《ものい》りであった。（中略）参勤交代の費用や江戸での社交費、あるいは幕府が命ずる公共事業の負担などもあって、まことに高い経費がかかった。

司馬遼太郎の記述をみるかぎり、天領の百姓は大名領の百姓に較べてかなり恵まれていたのではないかと思えます。国民的作家である司馬遼太郎が、第二の故郷ともいえる大和について書いたものだけに説得力があり、その影響力は大きいといえましょう。司馬遼太郎の記述によらずとも、一般的には天領では温和な年貢政策がとられていたと思っておられる方も多いと思われます。けれどもそれは事実なのでしょうか。

実際のところ、天領における年貢政策と百姓の実態、また百姓と庄屋・年寄・百姓代の村方三役との関係についても誤って理解されている面が多いのです。

天領においても血の滲むような百姓の忍苦があり、藩領の百姓以上に辛酸を嘗《な》めるような苦難の時期があったことがあまり知られていません。本書ではこうした知られざる事実を伝えるために、大和の天領で起こった芝村騒動と呼ばれる百姓一揆について、木村博一氏の『「芝村騒動」覚書』（『近世大和地方史研究』所収）や谷山正道氏の『近世民衆運動の展開』などのほか、拙書『天の二上と太子の水辺』などをもとに紹介していきます。

最近では顧みられることも少なくなり、人々の記憶からも消えつつある芝村騒動ですが、江戸時代の百姓たちの勇気と団結の結晶の物語、そして数多くの犠牲者を出した悲劇を風化させることなく、後世の人々に語り継いでいくことの大切さに共感していただければと思います。

熨斗久兵衛（當麻・中村）の頌徳碑

芝村騒動と呼ばれる百姓一揆、おそらくはその犠牲者数から大和最大級の百姓一揆といっても過言ではないでしょう。

冒頭、この一揆を説明するにあたって、旧竹内村の話を持ち出しました。天領において実際に起こった悲劇を、前述した司馬遼太郎のはなしと対比する意味で、同じ當麻《たいま》にあった中村の話から紹

介することにしましょう。この二つの村は、昭和三十一年、ともに當麻村（現葛城市）に編入されています。

　葛城市當麻（旧中村）の熨斗《のし》家の一角に、「熨斗氏功頌碑」があります。明治八年（一八七五）に中村の農民たちが、庄屋であった熨斗久兵

熨斗氏功頌碑

熨斗氏為大和国葛下郡平田荘中村旧族世任其村長五世祖久兵衛最有楯吏之称会頻年不登而重歛不省督責頻加民不堪命也久兵衛優之乃其諸里正相謀数請減其租于芝村侯又告之京尹並不省盖中村連諸村之地皆隷旧幕府而芝村侯管其治也故事大和以西訟獄難決則得控訴之京尹久兵衛之入京以是也既而幕府命召久兵衛及諸里正于江戸至則坐以朋党強訴咸繋之獄居数月久兵衛病死于獄実宝暦四年五月乎尽力甲弁始得平其賦勝平之於此事苦心多年為是殆忘寝食也於是村之耆老相謂曰嗚呼往有彼人而免重歛今有此人而除偏賦熨斗氏之有功徳于村大矣不可諼也請刻石以記之余本貫係大和故村人就余浪華求文余滾熨斗氏世有功於其村亦嘉其民之能報徳昬以授之銘曰

　祖以捐軀孫以尽力靡非為村偉天世徳

明治八年乙亥五月　和歌山県士族　岡本黄中譔并書

中村民等立

衛の遺徳を偲んで建立した碑です。『大和人物志』(一九〇九)に、久兵衛の偉業が掲載されています。

熨斗久兵衛は葛下郡平田庄中村の人にして、家世々里正たり。久兵衛が職にある頃、会々頻年登らす、加ふるに苛歛誅求日に急にして里民負担に堪へざりしかば、久兵衛これを憂ひ、附近の諸里正らと謀りて、減租を芝村侯に請ひ、又これを京都所司代に訴へしかども、皆省みられざりき。蓋し中村の諸邑は当時幕府に隷属し、芝村侯その治を管せり。而して、大和以西の訟獄にして決し難きことは、これを京都所司代に控訴することを得たりしなり。既にして幕府命じて久兵衛及び諸里正を江戸に召しぬ。至れば即ち朋党強訴を以て擬せられ獄に繋がる、こと数月、久兵衛病んで獄中に歿せり。時に宝暦四年五月なり。久兵衛の獄にありしとき、一言も家事に及ばず。口にするところ唯村民の疾苦のみなりしかば、その至誠遂に有司を動かし、後年村内の租税は半減せられ、且つその納期を緩うせること、一に久兵衛の請ふ所の如くなることを得たり、村民大いに喜び、且つ歎して曰く、久兵衛微りせば奚んぞ斯の如きを得ん、唯憾むらくは、久兵衛をしてこの恩命を拝せしめざりしことをと。嗚呼身を殺して仁をなすとは、それこの人の謂か。

中村の年貢が高すぎて村民の負担に耐えない。まさに苛斂誅求《かれんちゅうきゅう》、それで芝村藩主に減租をお願いしたが聞き入れてもらえなかったので京都所司代(京都町奉行所の誤り)に訴えた。ところが久兵衛らは江戸に召し出され、数月も牢屋に入れられた。その挙げ句、久兵衛は病に倒れ没した。宝暦四年（宝暦五年〈一七五五〉の誤り）五月のことである。命をかけて村民のために尽くして仁をなした。久兵衛の命と引き替えの功があって年貢は半減した。村民はその恩を拝まねばならない。

要約すると、こういった意味になるでしょうか。

中村は江戸時代初期は郡山藩領でした。延宝七年（一六七九）、藩主本多忠国が陸奥国福島に転封されると、代わって明石から松平信之が入部してきました。このとき郡山藩の領地は大きく減らされることとなり、中村は郡山藩領から外され、天領に編入されました。そのため熨斗久兵衛の犠牲があった宝暦五年には天領になっていたのです。そうすると、大和の天領の状況は、さきに紹介した司馬遼太郎の「天領と藩領」の内容と大きく乖離することになります。これはどういうことなのでしょうか。中村にいったい何が起こったのでしょうか。

甚右衛門（葛下郡良福寺村）の記念碑

元和元年（一六一五）、大坂夏の陣も終わり、徳川幕府の支配体制も盤石なものになりつつあった元和五年、大坂城から松平下総守《しもふさのかみ》忠明が郡山藩一二万石の大名として入部してきました。忠明は夏の陣の殊勲者として大坂城に入り、戦乱で灰燼《かいじん》に帰した大坂の復興に尽くした人物です。当時、大坂では堀川の開削が行われており、その堀の一つに「道頓堀」と命名したのも忠明だといわれています。余談ですが、伊賀越の仇討ちで名を馳せた剣豪荒木又右衛門が、知行二五〇石取りの指南役として郡山藩で忠明に仕えていました。

忠明が郡山に在城した期間は約二〇年ですが、その間、ため池の整備に尽力したようです。例えば香芝市畑の上《かみ》の池や同市良福寺にある千股《ちまた》池などの大池が忠明の郡山藩時代に整備されています。

千股池の石碑

百三年以前寛永五戊辰年松平下総守様御代新被成下
享保十五庚戌年角倉與一様御代堤築直被成下候
和州葛下郡良福寺村願主荘屋　藤田甚右衛門茂行

（百三年以前、寛永五年（一六二八）に松平下総守様の御代、新たに（池築造を）成し下され、享保十五年（一七三〇）の角倉與一様の代になって堤を築き直すことをお認め下さいました）

ちなみに私は香芝市良福寺で生まれ育ちました。この良福寺にある千股池に池の改修記念碑が立っています。石碑には改修の功労者である藤田甚右衛門の名が誇らしく刻まれています。この甚右衛も騒動に巻き込まれた一人で、熨斗久兵衛と共に江戸で入牢され、宝暦五年に処罰されたと思われる人物です。

享保十五年（一七三〇）、良福寺村は、代々治水事業で名を馳せた角倉《すみのくら》家が世襲する京都代官・角倉與一《よいち》（角倉素庵《そあん》の後裔）の管治下（良福寺村は正徳二年〈一七一二〉に郡山藩から幕府直轄領となっていた）にありました。この千股池を築き上げた記念すべき享保十五年から二四年後、甚右衛門は吟味のため江戸に召喚されます。十市郡（現橿原市・桜井市・磯城郡の一部）の百姓が京都町奉行所に箱訴したことに対する取り調べです。京都代官・角倉與一への謝意を表した良福寺村庄屋甚右衛門の記念碑と、彼がその二四年後に巻き込まれた芝村騒動による転落、これがこの百姓一揆について書くに至ったきっかけともいえます。

郡山藩主松平忠明は、寛永十六年（一六三九）、領内各村の石高を二割半水増しし、一二万石だった石高は一気に一五万石となりました。この策は、忠明が一五万石格の大名としての軍役を勤めたく幕府に願い出、幕府がこれを黙認したものといわれています。このことを示しているのが次の十市郡上品寺村の「大庄屋役日記」の一節です。

元和五年松平下総守様従《より》大坂ゟ郡山へ御移り、此節弐万石之御加増ニて都合拾弐万石贈被下、其後寛永六巳年弐割半増高ニテ拾五万石之御軍役御勤可被成との御願ニ而、拾五万石ニ御直り御成候
（谷山正道「大和幕領における寛保検地」『ビブリア』No.66所収。傍点筆者）

これをみる限り、必ずしも年貢増徴の目的から出た策ではないことが分かります。ところが、これが後になって百姓に大きな不幸を招き、芝村騒動を惹起させる原因となるわけです。

この二割半の増加分は実際に耕作する田（高請地《たかうけち》）が増えたわけではなく、単なる台帳上のものでしたから、「増高無地《ましたかむち》」あるいは「無地高」と呼ばれました。この増高分に対しては、本途物成《ほんとものなり》（本年貢。五公五民なら税率五〇％）が課されるわけではなく、増高も含めた石高に対し三％の夫米《ぶまい》（夫役《ぶやく》分の年貢を米で支払ったもの）が徴収されるというもので、それほど過酷な負担ではありませんでした。

寛永十六年（一六三九）、松平忠明が姫路城に転封され、代わって本多内記政勝が姫路から郡山藩に移ってきました。このとき郡山藩の拝領高は一九万石に加増されます。

延宝七年（一六七九）六月、三代目の本多忠国が陸奥国福島へ、本多政利が播磨国明石へ転封されると、明石から松平日向守信之が八万石の大名として郡山城に入ってきました。このときの郡山藩では、本多忠国が一二万石を、本多政利が六万石を分有していましたが、松平信之の入部によって一気に一〇万石が削減された結果、多くの村々が郡山藩領から天領へと変わることになりました。

その時、天領に編入された村々が抱かえていた無地増高は、永荒、池床、災害引などと共に毛付高から控除されることになりましたから、百姓たちはひとまず安堵したところです。

天領における年貢増徴策（御預所）

幕府はしだいに財政難に見舞われるようになります。八代将軍徳川吉宗の在任中（一七一六―四五）に享保の改革が行われ、緊縮財政と年貢増徴策が推進されました。特に元文二年（一七三七）以降、老中松平乗邑《のりさと》と勘定奉行神尾春央《かんおはるひで》により、年貢の徴収はいっそう過激になっていきました。神尾が放言したとされる「胡麻の油と百姓は絞れば絞るほど出るものなり」（本多利明『西域物語』）という文句はあまりに有名です。

ところで冒頭紹介した「天領と藩領」のなかで、司馬遼太郎は天領の奉行や代官について次のとおり述べています。

これら天領を宰領する奉行や郡代・代官は、主として江戸の勘定所から派遣されていた。（中略）長官は勘定奉行で、この役所の役人は、幕臣のなかからとくに秀才がえらばれた。（中略）〝悪代官〟

などということばがあるが、諸藩の代官はともかく、幕府の代官にかぎっていえば、相当な人物ぞろいだったはずである。

勘定奉行神尾の放言と司馬遼太郎が描く幕府の奉行や代官のイメージとの違いに驚かれる方も多いと思います。

財政難に苦しむ幕府は、年貢増徴のために天領の年貢の徴収を近隣の大名に行わせるという、御預所（預り地）制度を実施します。大和国では天領約二〇万石のうち一五万石が芝村《しばむら》藩・高取藩・津藩の三藩に預けられました（寛保元年〈一七四一〉までに約二〇万石のすべてが、この三藩に預けられますが、延享元年〈一七四四〉に高取藩の預り所は召し上げられ、それ以後は芝村藩と津藩の二藩に預けられます）。

織田信長の弟織田有楽斎《うらくさい》（長益《ながます》）が大和に賜った三万石の所領が元和元年（一六一五）に三分割され、四男長政と五男尚長（柳本藩。藩庁跡は天理市柳本）に対してそれぞれ一万石が分与されます。当初、長政の所領は戒重村（現桜井市戒重）に陣屋が置かれたことから戒重藩と呼ばれましたが、延享二年（一七四五）に藩庁が芝村（現桜井市織田。藩庁跡は織田小学校）に移されてからは芝村藩と呼ばれるようになりました。

芝村藩七代藩主織田輔宣《すけよし》の治世中の元文二年（一七三七）、大和と摂津の天領一万三千石が芝村藩に預けられます。その後も芝村藩への預り地は増える一方で、寛保二年（一七四二）には五万石、延享三年（一七四六）には八万九千石余を預かるまでになっていきます。

元文二年における同藩の大和国内の預り地は二二か村で一万石余でしたが、これらの村々に対する年貢は、それまでの一〇年間の年平均が二七八四石だったのに対し、元文二年には五五五五石余にまで増徴されています（谷山正道『近世民衆運動の展開』）。

預り地に対しては徴収した年貢の三パーセントに相当する口米（手数料）が与えられましたから、預り地の増加は、芝村藩の財政を潤しました。総陣屋面積が八町二反三畝九歩（約八・一五ヘクタール）、うち御殿向が一町二反三畝二九歩（約一・二三ヘクタール）に及ぶような立派な藩庁をつくることができたのも、増加した預り地の恩恵によるものです。

幕府にとっても芝村藩はありがたい存在であり、同藩への預り地を増加させていったのです。寛保元年（一七四一）には、「杉浦弥左衛門・吉田千左衛門江《へ》従将軍家《しょうぐんけより》御預り所御用勉励致し御取ケ《（箇）》モ相増候ニ付御褒美被下候段将軍家桧間《ひのきのま》ニ於テ左近将監《（松平乗邑）》殿御達、弥左衛門銀三拾枚・時服三枚、千左衛門江《へ》銀二十枚・時服二枚拝領」と勘定奉行から直々《じきじき》に褒賞があったほどです。

このように芝村藩預り地の年貢取り立ては、幕府の酷吏、神尾春央の意向に沿う形で、杉浦弥左衛門や吉田千左衛門ら家臣の手によってエスカレートし、芝村藩や幕府が潤う分だけ百姓たちが困窮していったのです。

十市郡の九村、京都町奉行所へ箱訴

宝暦三年（一七五三）の十一月から十二月にかけて、芝村藩の過酷な年貢に耐えかねた十市郡内の九つの村々、木原村・葛本《くずもと》村・常盤村・内膳《ないぜん》村・新賀《しんが》村・石原田村・膳夫《かしわで》村・下八釣《しもやとり》村（以上現橿原市）・吉備《きび》村（現桜井市）が決起しました。決起といっても打ち壊しなどの暴動を起こしたのではありません。あまりの重年貢に耐えかね、京都町奉行所に対して箱訴を行ったのです。藩に訴えても取り上げてもらえず、奈良奉行所に訴えても問題にされなかったため、最終手段として箱訴に及んだものです。

箱訴とは、将軍徳川吉宗が享保六年（一七二一）に設けた直訴《じきそ》の制度です。奉行所など役所の前に設けられた目安箱に訴状を投げ入れ、幕府に訴えるというものです。このように箱訴は認められた制度ですから、彼らの行為が一揆として処罰されるものではないはずです。実際、芝村藩預り地では、これより四年前の寛延二年（一七四九）に山辺郡の九村が、また同じ年に十市郡の一五村と式下郡の一二村が合同で箱訴を行っています。これに対して宝暦三年の箱訴が後に芝村騒動と呼ばれる、大和最大級の百姓一揆とされるに至ったのはなぜでしょうか。

まず下八釣村に残っている宝暦三酉年十二月付けの「和州十市郡村々今度御箱訴諸控」から、百姓たちの訴えの中身を確認してみます。百姓たちの切実な歎きが聞こえてくると思います。

宝暦三酉年
十一月より之書附
和州十市郡村々今度御箱訴訟扣（控）

乍恐欠（駆）込御願奉申上候
織田丹後守殿御預所
和州十市郡九ヶ村惣百姓代

一、私共村之儀、十七年以前辰巳年ゟ芝村御預所ニ奉入候、以来御年貢御取箇年々弥増ニ仰付、長々之過年数を候得共、村之惣百姓必至相潰レ申候、尤一統御預所ニ奉成候ゟ何れ之御預所様ニ茂御高免ニ被仰付候と及承候得共、別而芝村之御取箇各別御高

恐れながら駆け込み御願い奉り申し上げ候
織田丹後守殿御預り所
和州十市郡九ヶ村惣百姓代

一、私どもの村は十七年前より芝村の御預所に入り、以来年貢の取立ては年々増加仰せ付けられ、長年が過ぎましたが、（このままでは）村の総ての百姓が潰れてしまうのは必至です。尤も何れの御預所でも高免（高率の年貢）を仰せ付けられていることは承知していますが、芝村の取箇（年貢）は格別に高免を仰せ付けられており、則ち藤堂和泉守

免ニ被仰付候儀、則藤堂和泉守様御預所、私共村之隣在領続キ之村方有之ニ付、御取箇筋承及入候所、各別之儀有之、以之芝村之御取箇御高免ニて百姓難儀之訳御歎キ奉申上候御事

一、私共村々之儀、同御支配所内ニ而も別而土地悪鋪、至極畝詰リ成場、別而木綿作虫入強ク(キ)土地、剰麦作生立至極悪整、内損強キ村々に御座候、依之前々ゟ其歎キ申述御用赦を奉請百姓相続仕罷在候、然所芝村御預リ所ニ奉入候而ゟ土地善悪ニより内損強キ之段御賢慮不被成下候哉、高免下免之筋相捨リ、凡一統之御取箇被仰付候ニ付、内損強ク(キ)村々ニ御座候得者、必

様の御預所は私どもの村の隣にありますが、聞き及ぶところでは年貢に格段の差があり、芝村の年貢が以てのほか高免のために百姓が難儀しています。その事情を歎き申し上げます。

一、私どもの村は同藩支配所の中でも特に土地が悪く、至って畝詰りのある場所であり、しかも木綿に虫がつきやすい土地で、麦作も至って悪く、内損の多い（出来が悪い）村々です。それゆえこの事情を前々より歎き申し述べ、年貢の御容赦をうけて百姓相続してきました。しかしながら芝村の預り所になってからは、土地の善悪により内損の多い場合にも御賢慮なされることなく、（土地の等級や作柄に応じて）高免や下免を決めるということをせず、一律に年貢を仰せ付けられるようになっ

至と相潰レ申候、尤是迄地頭表ヘ数度百姓難儀（之脱カ）趣御願奉申上候得共、一向御聞届不被成下、然共各別之御取箇故、おのすから御年貢御皆済銀及難渋御上納定日遅滞仕候得者、其御咎メ之御過怠手錠入牢郷宿預ヶ等被仰付、元ゟ御皆済銀ニ指詰リ甚難儀之上、右御咎メ之諸費等毎年多ク相掛、尤太切之御上納銀定日違之御咎メ百姓難儀之と可申上様ハ無御座候得共、年々立毛ニ応じ不申御取箇、惣而百姓ハ耕作一件打掛御年貢米相納候外、纔之日当を以露命を継キ候者ニ御座候、然所芝村之御取箇立毛御検見御改表、たとヘハ百石之出来米なれハ毛付高ニ引当テ候而、其出来米八九拾石茂御年

たため、内損の多い村々であるので、（百姓たちは）必ずや潰れてしまいます。百姓が難儀していることについて役所へ数度願い出ましたが、一向にお聞き届け下さいませんでした。それでも格別の年貢であるので、自ずから年貢銀を皆済することに難渋し、上納日に遅滞すれば、お咎《とが》めがあり手錠のうえ入牢などと仰せ付けられます。元より年貢銀を皆済することにさし詰まり甚《はなは》だ難儀しているうえに、お咎めの際の諸費等も毎年多くかかります。尤も大切な年貢銀の上納日を違えたことによるお咎めが難儀と申しているのではなく、年々の立毛《たちげ》（作柄）に不相応な年貢であることを問題にしているのです。百姓とは耕作を行い、年貢米を納めた残りのわずかの日当で命をつなぐ存在です。ところが芝村の年貢は、立毛の検見《けみ》（坪刈りし、作柄により年貢を決めること）を改められ、例えば

貢ニ御取成、其外村役人之給米夫人足米等、諸入用都合相掛リ候、高を以申上候ハヽ、銘々作立候有たけを以相償候共、中々相届キ不申、依之困窮一年増相募リ、年々他借筋も相重り、田畑質入売払等之儀も、田畑ニ徳用無御座却而損毛ニ候躰故、田畑売代成御上納銀ニ相立度候而も買入無之、着類諸道具等ハ勿論、最初ゟ段々売果シ、大小之百姓着儘之仕合ニ而今日を過兼罷在候、依之年々御年貢おのずから及難渋ニ、御日限等相違仕候得者、甚御咎メを奉請、弥重上之難儀仕候御事

百石の出来米なら毛付高に対して八、九十石も年貢を取り立てられます。その他にも村役人の給米や夫役の人足米等、諸入用が併せて掛かってきます。それらの高について申し上げれば、銘々の収穫全部を以て償ってもなかなか足りません。これにより年ごとに困窮が増すばかりで、年々借金も重なり、田畑を質入れし売却しようとしても、その田畑には徳用（利益）がないばかりか逆に損が出るため、田畑を売り払った代金で上納銀を調達しようとしても買ってくれる人もなく、着類、諸道具等は勿論、最初から段々に売り果たし、大百姓も小百姓も百姓は着の身着の儘《まま》の状態で今日をも過ごしかねています。ですから自ずと年々の年貢に難渋し、期限の日を違えばお咎めをうけ、ますます難儀が重なっている次第です。

一、当年之儀、木綿勿論稲毛共及不作歎ヶ敷存罷有候、然所当立毛御見分之上御年貢初納御割賦被仰付候処、当立毛ニ応シ候而ハ夥敷銀高ニ御座候ニ附惣百姓驚入、依之早速御歎キニ相出候処、如何思召候而之御用捨ニ候哉、其銀高之内最初壱歩四厘通御引被下候由年預を以被仰聞、猶又百姓追歎キ申上候処、又々壱歩半御引、都合弐歩九厘御引被下候由、年預ヲ以又々被仰聞候内、御割替を以銀高相改リ候儀如何様之思召共難斗、是迄之御取箇相考候而ハ、只百姓なための為当分御引被成候儀と乍恐奉存候、然ルニ付ハ稲毛取込候而ハ是迄之通何を□□相歎キ候共、御聞届ハ御座有間舗、尤

一、当年は木綿は勿論、稲も共に不作で歎かわしく存じておりました。然《しか》るところ立毛を見分の上、年貢初納分の割賦を仰せ付けられたところ、この立毛にしては（不相応な）夥しい銀高であったので百姓皆驚き、早速嘆願したところ、如何思し召されての御容赦であったのか、その銀高のうち最初一歩四厘を引下げられるとの由を年預（大庄屋）より仰せ聞かされ、さらに百姓が歎いていると申し上げたら再び一歩半引かれ、都合二歩九厘引き下げられるとの由を又々大庄屋から仰せ聞かされましたが、割替を以て銀高が改められたのはどのような思し召しによってのことか計り難く、これまでの年貢のことを考えれば、ただ百姓を宥《なだ》めるための一時的な引き下げであると恐れながら考えます。したがって稲を苅り込んでしまえば、これまで通り何を□□歎いても、お聞き

作立候儘手掛ヶ不仕、御再見奉請候ハ、惣町七歩之出来米明白ニ相知然ル時ハ古検地表(ママ)延畝無無御座至極畝詰リと申上候筋自然と御賢慮ニ相叶可申儀と奉存候、刈取候而ハ其筋御賢慮ニ奉入候儀□不任懇意、猶又取込候而ハおのすから給(ママ)込旁百姓相潰レ候筋御吟味奉請度ニ付、稲毛掛ヶ得不仕罷在候、依之去十一月二日重キ御所様へ恐をも不顧、御箱御訴訟奉申上候、何卒御慈悲を以兼々御聞届ヶ被成下度旨を以、去十一月朔日ゟ村々ニ而百姓惣代一村に壱両人宛罷趣、御当地旅宿ハ神泉苑町油屋善兵衛方ニ相詰メ、御召出を待窺居候得共、御賢慮ニ不奉叶候哉、四拾日前ニ及候得共、

届けもございません。尤も作物はそのままにして手をかけて（刈り取って）いませんので、再び見分下されば、すべて七歩出来の米であることが明白に知れます。ならば古検地では畝延び（縄延び）も無く、大変な畝詰り（増高無地）であると申し上げてきた経緯から、当然に御賢慮があるものと存じております。刈り取ってしまえば、御賢慮を求めようにも懇意に任せられず、また取り込んでしまえば自ずと窮してどのみち百姓は潰れてしまうため御吟味をお請けしたく、稲に手を掛けることができないでいるのです。よって去る十一月二日重たき御所（京都町奉行所）様へ恐れも顧みず、箱訴を行った次第です。何とぞ御慈悲を以てお聞き届け下されたいとの思いで、去る十一月朔日《ついたち》より村々の百姓の惣代として一村ごとに一、二名が赴いて、当地の宿である神泉苑町油屋善兵衛

何之御沙汰も不被成下、最早稲毛ハ刈しゆん遙ニおくれ候得者、枯草之ことく落等ニ成、世上之諸鳥類夥集甚給(窮)荒シ種々相捨リ候儀難千万と歎鋪存候得共、刈取候而ハ毛上ニ応シ不申、是迄之御取箇既ニ初納壱通さへ地相場を以相積リ候得ハ、七公三民ニ茂当リ候様成御割賦高銀ニ御座候得者、増而是迄之通弐納之納と追掛ケ被仰付候ニおゐてハ、作立候有たけ指上候共御皆済相成へく共不奉存、其時ニおゐて何を以御上納相弁御皆済可仕義中々不及力、尤太切之御年貢請負ひ、立毛此節迄野ニ立置候儀ハ御公前千万恐多、天之冥理も難斗奉存候得共、右之訳故稲毛野ニ立置御直御訴訟奉

方に詰めて召し出されることを待ち受けていましたが、御賢慮は叶っていません。四十日弱に及んでいますが何の沙汰もなく、最早稲は刈る旬を遙かに遅れ、枯れ草のように落ちてしまい、夥しい鳥が集まり荒らすので甚《はなは》だ窮しており、何もかも捨てるような状態で難儀千万と歎かわしく存じますが、刈り取ってしまえば作柄に不相応な年貢となってしまいます。これまでの年貢は既に初納した一回目分ですら地相場を以て積算すると、七公三民にも相当する高い銀高になり、ましてやこれまで通り二回目分を納めよと追って仰せ付けられれば、作物のありったけを差し上げても完済できるとは思われません。その時には何を以て上納弁済すべきか、私どもの力ではとても及びません。もっとも大切な年貢を請負いながら、立毛（稲）をここまで放置したことは、御公前に対してまこ

申上候御事右之通御座候御直御訴訟申上、今以御番所様外様へ御願奉申上候儀ハ、若筋違杯と御咎〆も難斗、千万恐入候得共、百姓数日旅宿ニ相詰〆困窮之上ニ候者、飯代ニもつき果、此上如何様成へく哉と十方を失罷有候ニ付、御願奉申上候間、何卒御憐愍被為成下、御賢慮を以神泉苑町油屋善兵衛方ニ差扣(控)罷有候百姓共之義、急々御召出し被為成下如何様共御下知被為成下候様、乍恐御番所ゟ被為仰立被下候ハヽ、広太之御慈悲と千万難有奉存所、以上

とに恐れ多く、天の冥理もはかり難きことと存じていますが、右のような訳で稲を野に立ち置き（刈り取らないままにし）、御直《おじき》訴訟に及んだ次第です。経緯は以上の通りであり、御直訴訟申し上げ、今になってもなお御番所様などへお願い申し上げておりますこと、もしも筋違いなどとお咎めがあるかも計り難く、誠に恐れ入っていますが、百姓も数日旅館に詰めて困窮しており、飯代も尽き果て、この上はどうなるのか途方に暮れ、お願い申し上げている次第です。何とぞ御憐憫下され、御賢慮を以て神泉苑町油屋善兵衛方に差し控えている百姓らを早急に召し出し、御下知下さいますよう、恐れながら御番所より仰せ下されば、広大な御慈悲と千万ありがたく存じます。

和州十市郡九ヶ村
惣代共連判

宝暦三酉年
十二月　日
京都御奉（行脱カ）所様

（『橿原市史・史料第三巻』より）

「織田丹後守」とは、第八代芝村藩主織田丹後守長教のことです。「預り所」とは芝村藩の御預所（預り地）となった天領のことで、「十市郡惣村〻百姓共」とは、前述した十市郡の木原・葛本・常盤・内膳・新賀・石原田・膳夫・下八釣・吉備の各村の百姓のことです。文中に「取箇《とりか》」とあるのは年貢のことで、成箇《なりか》、物成《ものなり》とも呼ばれます。例えば本途物成とは本年貢のことです。この「箱訴訟控」を読んでいただければ、芝村藩の預り所における年貢の取立てがいかに厳しかったか、理解していただけるのではないでしょうか。

芝村藩の苛酷な「検見」に悲鳴

「箱訴訟控」によると、「百石之出来米なれハ《ば》毛付高ニ引当テ候而《て》、其《その》出来米八九拾石茂《も》御年貢ニ御取成《おとりになり》」とあるように、出来高の八〜九割にも相当する年貢だと訴えているのです。これでは潰《つぶ》れ百姓となって村から逃げていくしかないと歎いています。

宝暦三年（一七五三）は、「当年之儀、木綿勿論稲毛共及不作歎ヶ敷存罷有《ふさくにおよびなげかわしくぞんじまかりあり》候」とあるように、木綿も稲もたいへんな凶作だったようです。郡山藩の記録（「幽蘭台年録」『郡山町史』所収）には、六月三日の大洪水で「高二六、三九七・七二三石損毛」とあり、大被害が生じたことが記録されています。ところが「芝村之御取箇立毛《とりかたちげ》御検見御改表、当立毛ニ応シ《じ》候而《て》ハ夥敷《おびただしき》銀高ニ御座候《ござそうろう》ニ附惣百《つきそうびゃく》姓《しょう》驚入」とあるように、検見の方法を改め、取箇（年貢）としての夥《おびただ》しい上納銀がかけられてきたため、百姓たちが驚いたと言っているのです。

江戸時代の年貢の決め方には、検見《けみ》法と定免《じょうめん》法という二つの方法がありました。検見法というのは、毎年秋に「坪刈《つぼかり》」を行って作柄を判定し、その年の年貢を決めるというものです。検見法の場合、その手間が煩雑で費用もかさむこと、検見が終わるまで刈り入れができず、特に早稲などは収穫期を失してしまうという難点がありました。また検見の段階で不正が行われるということも度々でした。

これに対し、定免法というのは、過去五年間、あるいは十年間の年貢を実績平均して定めるという方法で、領主側としては手間が省けます。また豊作の場合は百姓の実入りが多くなりますが、凶作となると百姓は困窮することになります。芝村藩でこの定免が採用された形跡が確認できるのは、芝村騒動以後の天明六年（一七八六）のこと（『桜井市史・上巻』）です。

検見にも大きく分けて畝引《せびき》検見と有毛《ありげ》検見という方法がありました。畝引検見というのは、農地を上・中・下の三等級に区分し、検見により等級ごとに決められた石盛《こくもり》（面積当たりの基準収穫量。根取米《ねとりまい》）を下回る場合は、その不足分を減じるというもので、はじめは芝村藩でも畝引検見により年貢が決められていました。

ところが延享元年（一七四四）、勘定奉行

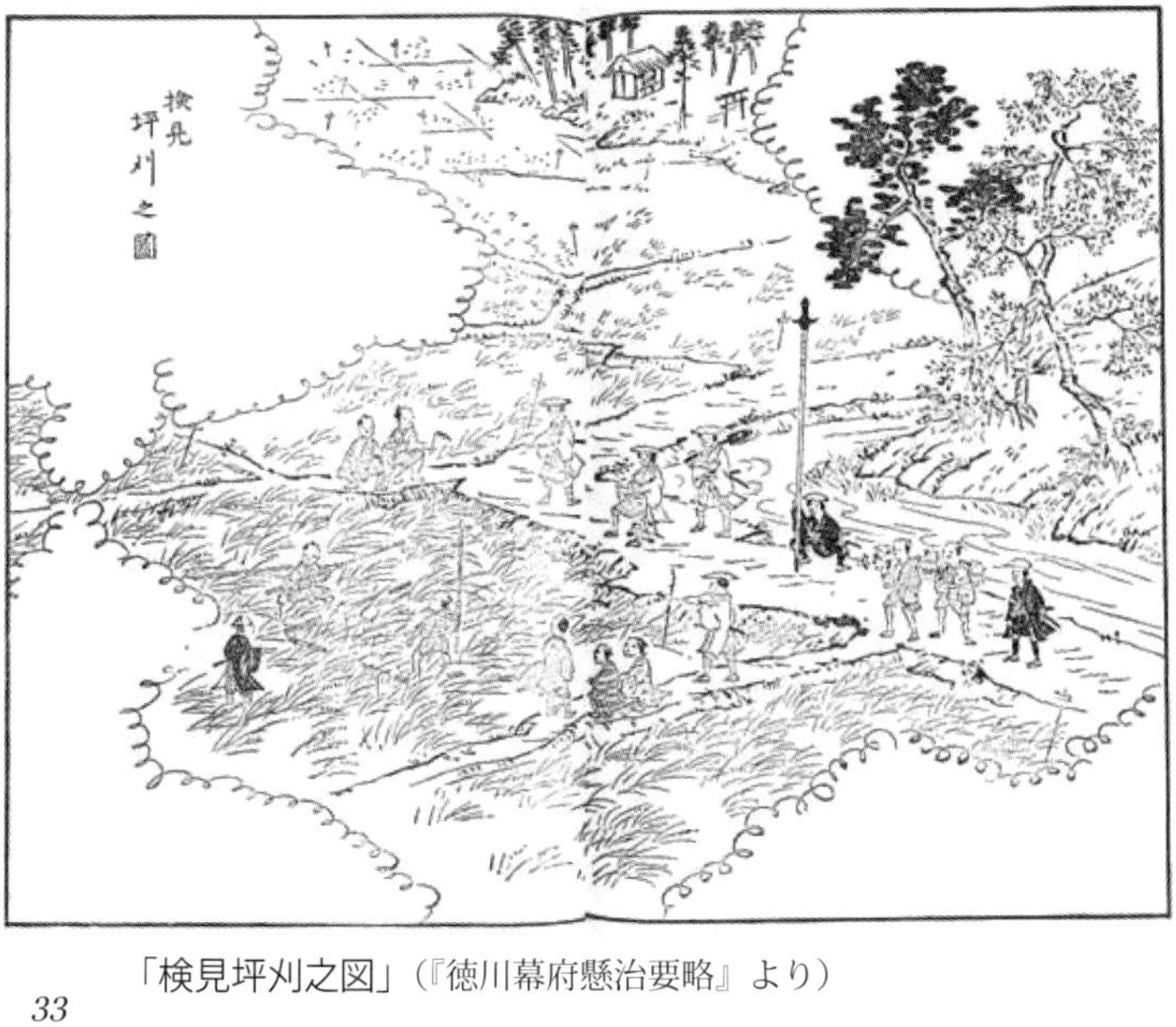

「検見坪刈之図」（『徳川幕府懸治要略』より）

神尾春央《かんおはるひで》は幕府財政立て直しを図るため、大和など西国幕領巡見に出、巡見先で村役人らに脅迫にも近い厳しい年貢増徴策を指令します。その中に有毛検見法と木綿勝手作仕法《しほう》がありました。

有毛検見とは、「根取《ねとり》ニ不拘《かかわらず》、有毛《ありげ》之通《とおり》御取箇《とりか》附致」とあるように、畝引検見で行われた等級ごとの出来高見込みを判定するという方法を改め、等級に関係なく役人側が選んだ田の坪刈りを行って全体の作柄を判定し、出来高を算定するというものです。上・中・下の等級のうち、「中」位の所の一歩（一坪）刈り取って並みの稲毛を以て検見するのが穏当なところですが、芝村藩の場合は、「上」の田の出来の良い稲毛を恣意的に選んで坪刈りを行ったため、百姓が悲鳴をあげたものと思われます。

最初ゟ《より》御取箇《おとりか》相増《あいまし》下地高免《たかめん》下免《げめん》之筋相捨《あいすて》リ、凡《およそ》一統之御免《おんめん》相を以、年〻御取箇弥増《いやまし》ニ被仰付《おおせつけられ》、
最早《もはや》長々之逐年数候得者《そうらえば》、村〻惣《そう》百姓必至と相潰《つぶ》レ申候

（「宝暦三酉年十一月今度御箱訴訟諸事書留帳　十市郡葛本村」）

と述べて、芝村藩が行った不当な有毛検見の方法を非難しています。不作にも関わらず、こんな理不尽な方法で年貢を増やされれば百姓は破産するしかないと訴えているのです。百姓たちが行った稲の刈り取り拒否は、検見によって公正に凶作の確認してもらうことを求めての行動だったと考え

られます。検見を受けないまま刈り取ってしまえば、不作を証明できなくなってしまうという焦りがあったのでしょう。

勘定奉行神尾が求めたもう一つの年貢増徴策、木綿勝手作仕法《しほう》とは、木綿については検見を廃止し、豊凶に拘わらず常に稲毛の「上々毛」（上出来）並みに見立てて年貢を賦課するというものです。「木綿作虫入強ク《（キ）》」「当年之儀、木綿勿論稲毛共及不作歎ケ敷《なげかわしく》」とあるように、木綿が不作であるにも拘わらず、「上々毛」並みの年貢が課されるわけですから、百姓にとっては「歎ケ敷《なげかわしく》」といわざるを得なくなった次第です。

銀納制による負担上乗せ

この下八釣村の「箱訴訟控」には、「藤堂和泉守様御預所、私共村之隣在領続キ之村方有之ニ付、御取箇筋承及入候所、各別之儀有之、以之芝村之御取箇御高免ニて百姓難儀之訳御歎キ奉申上候」とありますが、これについて葛本村に残っている「御箱訴訟諸事書留帳」には、「藤堂和泉守預所之村々ハ於隣在ニ都而《すべて》百姓手強《てがた》ク肥等も存分ニ仕込《しこみ》いたし、（中略）立毛作勝《たちげつくりか》チ、芝村御預リ所之村ニハ必至相潰《あいつぶ》レ候」と、同じ預り地でも藤堂藩の百姓は肥料を存分におく余力があり稲の出来も良いが、芝村藩の預り地の百姓は年貢が高くて肥料をおくこともできず、このままでは村は疲弊し、潰れるしかないと嘆いています。

「藤堂和泉守様」とは、津藩主のことです。同じ天領預り地であっても、津藩に預けられた村はゆとりがあって肥料も入れることができる。それに較べて芝村藩に預けられた村は年貢の取立てが厳しくて肥料を入れることすらできず、作物の出来も年々悪くなっているというのです。「百石之出来米なれハ《ば》毛付高ニ引当テ候而、其出来米八九拾石茂《も》御年貢ニ御取成《おとりになり》」とあるように、一〇〇石当たり八、九〇石という年貢では五公五民どころか、八公二民ないしは九公一民という、とんでもない年貢率となるわけですから、農民はたまったものではありません。

当時、大和は大和木綿が特産であり、そのため綿作が盛んでした。箱訴した村の一つである新賀村の寛保四年（一七四四）の村明細帳によると、「田方拾町歩之内　五町歩程木綿作、五町歩程稲作畑方壱町歩之内　四反町歩程木綿作、六反歩程雑毛」と田畑合計一一町の内、木綿五町四反と木綿の作付率は実に四九％に達していました。また同明細帳には、「肥シ稲作壱反ニ付四拾匁ゟ六拾匁迄　木綿作壱反ニ付七拾匁ゟ百匁迄」と綿作は稲作と較べて約一・七倍の肥料を要することが書かれています。

このように木綿作には多くの肥料を施す必要があり、それも油粕《あぶらかす》や干鰯《ほしか》という金肥《きんぴ》を購入する必要がありましたから、肥料も買えないという状況は綿作にとって致命的な打撃となるわけです。しかも金肥が高騰していたという事情も百姓の難儀に輪をかけています。

大和の天領では、一七世紀後半から基本的に年貢は銀納制に移行していました。綿作など商業的農業の進展により、生産物を換銀して貢納するという石代納《こくだいのう》になったものです。この換銀割合については、上相場をもとに決められていましたが、享保一九年（一七三四）の定で、大和の主要な都市五カ所における十月十五日から晦日《みそか》の新米相場より六匁高い値段で換銀しなければならなくなっていました。

米一石当たり一両（幕末にはこの倍以上に高騰）と仮定すると、当時の幕府の公式レートでは一両が六〇匁ですから、六匁というのは一石当たり一〇パーセント増に相当します。現在の消費税率から考えても一〇パーセントは決して軽い負担ではないことが理解されますが、重年貢の上に更にこのような負担が追加されていたのです。

その上、芝村騒動の起きた宝暦三年（一七五三）は大凶作で相当な損毛が出ており、実質的な年貢負担は九割以上に達したものと推察されます。困窮した農民は、田畑を質入れしたり、田畑を売って年貢を納めようとしますが、「土地悪舗《あしく》、至極畝詰リ成《なる》場」という悪い土地で、しかも「畝詰リ」の、つまり実際の面積が帳簿上の面積に満たない、いわゆる縄縮《なわちぢ》みのある土地で、その上に年貢が異常に高いとあっては、「田畑ニ徳用無御座《ござなく》却而《かえって》損毛ニ候」と、徳用すなわち利益が出るどころか、逆に損が出てしまう土地で誰も買ってくれないというわけです。しかも綿を作るためには干鰯《ほしか》などの金肥を大坂から買入れねばなりません。どうしても銀を用立てすることができず、致し方なく家具や衣類までも売り払って銀を調達せざるを得ないという苦境に陥っていたのです。

年貢を払えないと「御咎メ」を受け牢屋に入れられるため、衣類・農具まで売って銀を納めなければなりませんでした。百姓たちは着の身着のままの状態であると、いくら芝村藩に嘆願を繰り返しても聞き入れてもらえませんでした。

さすがに耐えきれなくなった九村の百姓たちは結束し、稲の刈り取りをしないまま十一月、京都町奉行所へ箱訴に及んだ次第です。箱訴だけでは、さほどの裁きにも至らなかったのでしょうが、彼らの刈り取り拒否という行動は実行行為に相当し、御法度である強訴と判断されたと考えられます。

土地がない「畝詰り」にも年貢が

この九村が刈り取りをせずに箱訴をするに至った背景には、芝村藩の天領預り地の年貢が厳しかっただけではなく、別の複雑な事情が潜んでいました。

この文書には「畝詰リ」（せづまり）という文字が何カ所か出てきます。「畝詰リ」とは、文中にある「縄延び」の逆の「縄縮み」のことで、実際の面積が検地帳などに記載される面積よりも少ない状態を指します。そうすると実面積以上の年貢を強いられることになりますから、百姓にとっては実に理不尽で過重な負担となります。通常、旱害や病気などで凶作になると「御用捨」、すなわち減免も行われますが、検見が公正に行われないうえに不作の状態も把握されず、「御用捨」どころか逆に「高免」を要求され、しかもその上にこの「畝詰リ」ですから、百姓がいかに深刻な状態に陥ったかは想像に難くないでしょう。

この「畝詰リ」状態が生じた経緯については前にも説明したとおり、郡山藩では藩主松平忠明の時代に、石高を二割半水増しするという増高無地の政策がとられたことに端を発します。もとはこの増高分に対しては三パーセントの夫米だけを徴収するということで始められた制度でしたが、次の藩主本多政勝の頃、幕府の指示により増高無地が拝領高に組み入れられました。本高に組み入れても所詮は無地であり、実態のない台帳上の土地であることは、郡山藩もわきまえていましたから、本年貢の取れない毛付（土地）として扱うなどの配慮が行われていました。

郡山藩では延宝七年（一六七九）、本多家の後に松平信之が入部してきました。藩の石高は一八万石から八万石へと大きく削減された結果、多くの村々が郡山藩領から天領に組み替えられました。芝村藩の御預所とされた三一一の村々の中には、このような経緯をたどった元郡山藩領の村が数多く存在していたのです。

天領預り地の年貢増徴策を推し進めている芝村藩は、こうした増高無地を抱えた元郡山藩領の村々に対して、増高無地分すべてを本高として本年貢を徴収するという露骨で冷酷無比な年貢増徴策を強行しました。

参考として、宝暦三年（一七五三）の箱訴の前の年貢の状況を、十市郡葛本村における享保八年（一七二三）の「年貢割付状」と寛保二年（一七四二）の「免札之事」によって比較してみます。なお免札とは村宛に出された年貢の請求書のことで、年貢免定とも呼ばれるものです。

享保八年十月「葛本村卯年貢割付状」

卯御年貢可納割付之事

一、高千五百拾五石七斗四升　十市郡葛本村
五斗五升九合　郷蔵屋敷引
拾弐石八斗九升三合　永荒引
内三百三石八斗弐升　増高無地引
内八斗四升当卯改永荒籠候増高無地入
百三拾八石九斗壱升五合　当旱損検見引
残千五拾九石五斗五升三合　毛附
此取四百八拾弐石九升七合　免四ツ五分五厘

寛保二年「葛本村免札之事」

寛保二年戌年免札之事

一、高千五百拾五石七斗四升　十市郡葛本村
拾弐石八斗九升三合　永荒引
内五斗五升九合　郷蔵屋敷引
五拾九石八斗壱升七合　当戌検見引
残而千四百四拾弐石四斗七升壱合　毛附
此取米七百四拾四石三斗壱升五合
高四ツ九分壱厘壱毛内
毛附五ツ壱分六厘

（『橿原市史・史料第三巻』より）

享保八年の「年貢割付状」、寛保二年の「免札之事」、ともに葛本村の村高は一五一五石七斗四升で変わりありません。ところが享保八年の「年貢割付状」にある「三百三石八斗弐升　増高無地引」という記載が、下の寛保二年の「免札之事」から消えています。なお、この「増高無地引」がなくなるのは元文五年（一七四〇）からです。

この「三百三石八斗弐升　増高無地引」こそ、かつて郡山藩が行った二割半の増高無地に他なりません。したがって増高無地を除いた葛本村の本来の高はおよそ一二一二石で、ここから年貢の対象とならない郷蔵屋敷分の五斗五升九合と沼地などの永荒引となる一二石八斗九升三合を差し引いた一一九八石四斗六升八合が、葛本村の本来の毛付高（年貢の対象となる石高）なのです。

葛本村の本来の毛付高一一九八石四斗六升八合に対する寛保二年の「免札之事」の「此取米七百四拾四石三斗壱升五合」の割合を計算すると、事実上の毛付免（年貢率）は六ツ二分一厘となり、六割を超える高免（高率の年貢）となります。これは増高無地三〇三石八斗弐升に対する毛付が加算されているためと旱損検見引が行われていないためです。「毛附五ツ壱分六厘」というのは、実は見せかけの率であることを理解していただけたと思います。

このように芝村藩預り地では、元文五年から芝村騒動の起こる宝暦三年（一七五三）までの一〇年以上にわたって、増高無地までも年貢の対象となるような厳しい年貢増徴策が採られていたのです。

天神山（耳成山）で決起、箱訴は三回

芝村藩の年貢の増徴はこれだけではすみませんでした。箱訴が行われた前年の宝暦二年（一七五二）には九五〇石九斗四升もの年貢がかかってきました。宝暦二年の葛本村の年貢の内容を次に掲げます。先に享保八年（一七一八）の「貢割付状」と寛保二年（一七四四）の「免札之事」とを比較し、寛保二年の年貢が増徴されたことを示しましたが、その八年後の宝暦二年には、さもなくとも過酷な年貢がさらに増徴され、百姓たちの窮乏がより深刻化していったのです。

覚

十市郡葛本村

一、高千五百拾五石七斗四升

此反別八拾壱町壱反七畝弐拾壱歩

内

拾七石壱斗七升弐合　川成堤敷道堀代間違地不足永荒引

残高千四百九拾八石五斗六升八合　毛付

此反別七拾九町弐反弐畝六歩

（中略）

右者御検見之上増合被仰付候合毛也

此御取米九百五拾石九升二合　　本途

外

八斗五升　　見取

三石三升壱合　　御伝馬宿入用

銀弐百弐拾七匁三分六リ壱毛　　御蔵分掛

弐拾八石五斗弐升八合　　口米

銀三貫百八拾目　　年賦返納

同三百拾八匁三分五リ壱毛　　大川筋入用

御直段

十分一　四拾七匁弐分三リ四毛

九分米　五拾目九分八リ弐毛

地直段　四拾壱匁五分位也

右之通御上納仕候、以上

宝暦弐申年

「高千五百拾五石七斗四升」は、従前のとおりです。寛保二年のときと同様、「三百三石八斗弐升弐升増高無地引」による控除はありません。たしかに毛付高は寛保二年の「千四百四拾弐石四斗七升壱合　毛附」から「千四百九拾八石五斗六升八合　毛付」へと五六石増加していますが、年貢の方は二百六石も増えています。享保八年の年貢が「此取四百八拾弐石九升七合」ですから「此御取米九百五拾石九升二合」(宝暦二年)へとほぼ二倍に膨れあがった計算になります。

しかもこの他に「三石三升壱合　御伝馬宿入用」「弐拾八石五斗弐升八合　口米」に加えて六〇石相当を超える銀が求められていますから、実質千石以上の年貢を納めなければならなくなっています。

増高無地を除いた免は享保八年の場合は四ツ五分五厘で、この他に四五石四斗八升の夫米や九斗九合の御伝馬箱入用を加えても四ツ九分九厘、およそ五割で、何とか五公五民が守られていたといえます。葛本村の本来の毛付高は一一九八石四斗六升八合であることは前に説明しましたが、これを基礎に計算すると、宝暦二年の年貢率は八割五分に及ばんとするものでした。まさに搾取といっても過言ではない年貢が襲いかかってきたのです。

宝暦三年(一七五三)、この不条理な年貢に耐えきれなくなった木原・葛本・常磐《ときわ》・内膳《ないぜん》・新賀《しんが》・石原田・膳夫《かしわで》・下八釣《しもやとり》(以上現橿原市)・吉備《きび》(現桜井市)の九つの村々はついに決起します。稲の刈取りを行わないことを合意し、京都町奉行所にこの窮状を箱訴という形で直訴するという非常手段

耳成山にある耳成山口神社（天神宮）

箱訴の協議のために９村の代表者が天神山（耳成山。下の写真に「天神山」と刻まれているのが見える）に集まった。耳成山口神社は天神宮とも呼ばれていた。吟味に対して村役人たちは「天神山へお参りに行っただけです」と言い張った。

に訴え出たのです。十月某日、九村の代表者たちが木原村にある天神宮（耳成山）に集まり、訴状案を読み上げて皆でまとめ、村の代表者一同が押印しました。

箱訴には各村から一、二名が選ばれ、十一月一日、十数人の一行が京都の神泉苑町にあった油屋善兵衛方を宿として泊まり込みました。翌日、京都町奉行所に箱訴しましたが、その後何の沙汰もありません。やむなく十一月二日、十二月二日と箱訴を繰り返しましたが、それでも奉行所からの返答がないため、百姓たちは宿賃にも困るという事態に陥ったことが書かれています。

出頭命令、二十三名江戸に護送

十一月二日に最初の箱訴を行ったものの、一向に京都町奉行所からの沙汰がありません。繰り返し箱訴を重ねても奉行所は無反応でした。京都の神泉苑町にあった油屋善兵衛方を宿としましたが、宿代もかさみ、「飯代ニもつき果、此上如何様成へく哉と十方を失罷有候」と百姓たちは困り果てています。「稲毛ハ刈しゆん遙ニおくれ候得者、枯草之ごとく落等ニ成、世上之諸鳥類夥集甚給《(窮)》荒シ種々相捨リ候儀難千万と歎舗《なげかわしく》存候」と、稲はすっかり刈り取る旬を過ぎ、枯れ草のようになってしまい、無数に集まってくる鳥のえさとなって田は荒れ果ててしまったと途方に暮れています。村の代表として旅立ってきた百姓たちは京都でどうしてよいか分からず、ますます焦燥感を募らせていきます。

箱訴状を読んでもらえれば自分たちの窮状が理解され、「御憐愍」「御慈悲」のある賢慮がなされるであろうことを信じつつも、奉行所から無視されているという不安を感じかけていたのです。

実のところ、奉行所は箱訴を無視していたわけではありません。そんな百姓たちを尻目に、奉行所は芝村藩に事情を聞き、また幕府の指示を仰ぎながら、この始末をどうつけるのか、検討していたのです。

百姓たちの願いも空しく、京都に出てきてから早二カ月を迎えようとする十二月二十二日、彼らの地元の村々に芝村藩から出頭を命じる指紙《さしがみ》(差紙)が届きます。なおこの時点では、京都に滞在していた百姓たちは指紙が届いたことは知らなかったはずです。

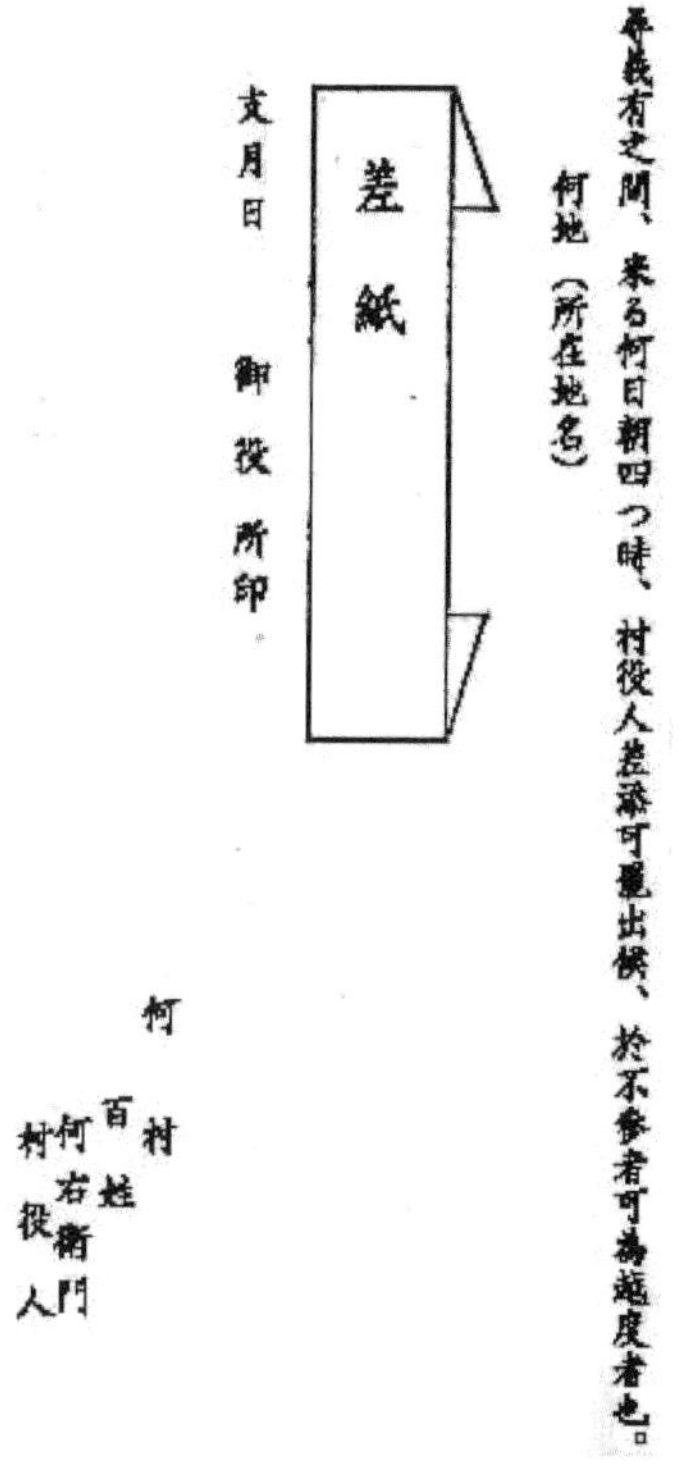
尋儀有之間、来る何日朝四つ時、村役人差添可罷出候、於不参者可為越度者也。
何地（所在地名）
差紙
支月日　御役所印
何村
百姓
何右衛門
村役人

差紙（呼出状）＝『縣治要略』より

常盤村からは庄屋の孫右衛門以下六名、葛本村からは庄屋の小左衛門以下五名、新賀村からは庄屋の彦惣以下三名及び膳夫村からは庄屋の三郎助以下四名の、四村で合計二十二名が芝村藩庁への出頭を命じられました。この後の状況は、「宝暦箱訴一件御吟味次第書」という文書に詳しく載せられているので紹介します。

○宝暦箱訴一件御吟味次第書
宝暦三年十二月二十二日
（常盤村・森文書）

江戸御勘定奉行所様
和州十市郡式下郡葛下郡村々御吟味之次第

酉極月廿二日

一、芝村役所ゟ御指紙ニ而御召出し被成、庄屋年寄百姓代弐人宛、常盤村孫右衛門、源助、宗助、藤兵衛、忠助、久三郎六次郎右七人被召出被仰付

一、芝村役所より指書（呼出状）がきて召し出されることとなった。庄屋、年寄、百姓代の二人宛で、常盤村孫右衛門、源助、宗助、藤兵衛、忠助、久三郎、六次郎の七人を召し出すよう仰せ付け

候ハ、宗助壱人村方ニ残シ置、其外六人江戸表ゟ御召出し被仰付、同廿五日ニ暮方ニ芝村役所へ参り、同廿六日江戸へ出立、道中いたし候、供宗七都合七人罷下り候

一、葛本村庄屋年寄、小左衛門善兵衛、平兵衛、太兵衛、弥右衛門供清六　都合六人

一、新賀村　庄屋彦惣、年寄甚兵衛、藤四郎新三郎都合四人

一、膳夫村　庄屋三郎助、年寄武助、新六孫三郎付人弥三郎、都合五人、

〆四ヶ村人数廿三人

られたが、宗助一人を村に残し、その外の六人を江戸表から召し出すよう仰せ付けられたため、二十五日暮れ、芝村役所に参り、二十六日江戸へ出立、旅に出た。供の宗七と都合七人で罷り下った。

一、葛本村　庄屋・年寄の小左衛門、善兵衛、平兵衛、太兵衛、弥右衛門、供の清六、都合六人

一、新賀村　庄屋の彦惣、藤四郎、年寄の甚兵衛、新三郎、都合四人

一、膳夫村　庄屋の三郎助、新六、年寄の武助、孫三郎、付人弥三郎、都合五人

しめて四ヶ村の人数二十三人

一、芝村御役人付添　中村佐太夫
　　　　　　　　　小林宗右衛門
足軽　長右衛門　勘六
　　　善右衛門　宗兵衛
　　　嘉右衛門
宇陀春日村　武兵衛
九条村　才市郎　付人弥兵衛共、都
合拾人
双方〆三拾三人道中致候事

一、芝村御役人付添、中村佐太夫、小林宗右衛門、足軽、長右衛門、善右衛門、嘉右衛門、勘六、宗兵衛と宇陀春日村武兵衛、九条村才市郎、付弥兵衛共、都合十人
双方しめて三十三人が道中致す事となった。

出頭直後の翌二十六日、この二三名の村役人ら一行は芝村藩役人らの付き添いのもと、江戸に護送されていきます。寒い冬のことで、満足な旅支度もないままの江戸への出立には厳しいものがあったと想像されます。

一行が江戸に到着したのは年が明けた宝暦四年（一七五四）正月八日のことです。途中大雪に見舞われ、正月を辛い道中で迎えています。このときの様子が「位牌由来記」（橿原市・藤本正隆家文書。『会報「いこま」第五号』所収）に、「極月《（十二月）》廿七《（二十七）》日芝村出立、道中ニ而《て》正月、其節道中大雪ニ而《て》難義《（儀）》、江戸表へ正月八日着」と記されています。

常盤村の宿は小石川春日町の大黒屋長右衛門、葛本村の宿は牛込箪司町崎国屋喜右衛門、新賀村の宿は市谷田大津屋治助、膳夫村の宿は天神下女坂下崎国屋清兵衛とされ、四村の者たちは別の宿に分宿させられます。そして幕府勘定奉行一色周防守のもと、十六日から一人ずつ厳しい吟味（取り調べ）が始まりました。

一、戌正月七日江戸着、七ッ時ゟ織田丹後守殿下屋敷引渡し候上被仰付候ハ、御勘定奉行一色周防守様へ指出し候段被仰渡候ハ、土器町紀伊国屋庄兵衛宿へ御預ヶニ被成候

一、同十六日御役所ゟ一色周防守様へ御引渡し　被遊之上、段々不残御吟味之上、京都へ箱訴之御吟味厳舗初納相掛申ニ付年番へ預ヶ申所割直し有之候、然共跡ゟ弐割半掛リ申ニ付

一、戌年（宝暦四年）正月七日江戸着、七ツ時（午後四時頃）より織田丹後守殿（芝村藩主織田長教）の下屋敷へ引渡されたうえ、勘定奉行一色周防守様へ指出すよう仰せ渡されたため、土器町の紀伊国屋庄兵衛宿へお預けとなされた。

一、同十六日役所から一色周防守様のもとへ引渡されたうえで、全員が段々に吟味されたが、京都への箱訴の吟味は厳しく、（吟味の内容は）初納分がかかってきたところ割直しがあったにもかかわらず、後から二割半分も掛かってきたと百

百姓共願申事
常盤村之宿小石川春日町大黒屋長右衛門
葛本村之宿牛込簞司町崎国屋喜右衛門
新賀村之宿市谷田大津屋治助
膳夫村之宿天神下女坂下崎国屋清兵衛
〆右四ヶ村宿四軒ニわかり候
一、同十六日ニ御免状五拾ヶ年之写指上申候
一、正月十九日葛本村斗御指紙ニ而壱人ツヽ御吟味、諸事取箇之願書付出

姓たちが出願した事についてであった。
常盤村の宿、小石川春日町大黒屋長右衛門
葛本村の宿、牛込簞司町崎国屋喜右衛門
新賀村の宿、市谷田大津屋治助
膳夫村の宿、天神下女坂下崎国屋清兵衛
しめて右四ヶ村の宿は四軒に分かれた。
一、同十六日、五十年間の免状の写しを差し出した。
一、正月十九日葛本村だけに指紙があり、一人ずつ吟味、諸々の年貢の願い書を出すよう仰せ渡

候様ニ被仰渡候由
一、同廿二日新賀村御指紙ニ而壱人宛御吟味、右取箇之願書付出し候様ニ被仰渡候
一、同廿四日常盤村御指紙ニ而壱人ッヽ箱訴之御吟味我等一切不存候得共、百姓代も京都へ参り不申事、常盤村ハ外之村ゟ願人多ク候ニ付夜五ッ時ニ先宿へ帰り申様被仰付候故、諸事願書出し候様ニ被仰渡無之候

された由。
一、同二十二日新賀村に指紙があり、一人ずつ吟味、右の年貢の願い書を出すように仰せ渡された。
一、同二十四日常盤村に指紙があり一人ずつ箱訴について吟味、我らは一切存じません、百姓代も京都へは行ってはおりませんと申した次第。常盤村は外の村より願い人が多いため、夜八時頃先に宿に帰るよう仰せ付けられたので、諸々の願い書を出すようにという仰せ渡しはなかった。

箱訴のこうした吟味に対し、常盤村の三役は、口を揃えて「我等《われら》一切《いっさい》不存《ぞんぜず》候得共《そうらえども》、百姓代も京都へ参り不申《もうさず》」（私たちは何も存じません。百姓代も京都へ行っておりません）と否認します。以後、吟味が厳しくなっていく様子、また「役人共一切不存《ぞんぜず》と申上候御事、百姓代ニ付何角《つきなにかと》不存と申上候」な

どと否認し、その挙げ句に入牢され、あるいは手錠をかけられていく村方役人の涙ぐましい抵抗の様子が確認できます。

一、同廿六日膳夫村御指紙ニ而壱人宛御
吟味有之候

一、常盤村源助儀ニ三ヶ年以前ゟ年寄
被仰付候ニ付、無調法故一切相談し
出不申と申上候、稲苅取之儀ハ古役
共苅不申故私シ茂残し置候と申上候
〆厳舗御吟味之上皆々宿へ帰リ申候

一、御吟味役人中 野州吉十郎、小倉小豆、壱木彦九郎、川口久三郎
右四人

一、二月四日御指紙ニ而四ヶ村不残被召

一、同二十六日膳夫村に指紙があり一人ずつ吟味があった。

一、常盤村の源助は「二、三年前から年寄に仰せ付けられたが、不調法ゆえ一切相談していない」と申し上げた。「稲の刈取りの件は古役どもも刈り取っていないため、私も残した」と申し上げた。以上、厳しく吟味を受けた上で、皆宿へ帰った。

一、吟味の役人は野州吉十郎、小倉小豆、壱木彦九郎、川口久三郎の四人である。

一、二月四日指紙にて四村残らず召し出され、一人

出、人ッヽ御吟味被遊候、尤箱訴之書付等印形を誰致候様ニ申候哉と御吟味、京都へ訴状者誰参リ候哉御尋、役人共一切不存と申上候御事、百姓代ニ付何角不存と申上候、天神山へ参印致候と申上候、然ル処皆々有鉢不申候而ハ入牢申付候と被仰聞候得共、一切存不申事故難申上と申上候ニ付、百姓代八人入牢被仰付候常盤村六次郎久三郎葛本村弥右衛門善兵衛膳夫村武助孫三郎新賀村藤四郎新三郎右之分入牢被仰付候、外庄屋年寄御過怠手錠被仰付候、月ニ六ケッッ封改被仰付候御事

一、二月五日御指紙ニ而四ヶ村庄屋年寄

ずつ吟味された。「箱訴状等に押印を誰が行うよう申したのか、京都への訴状は誰が持参したのか」と尋ねられたが、村役人らは「一切存じません」と申し上げた次第である。「百姓代につき何も存じません」、「天神山へお参りに行っただけです」と申し上げた。そうすると「ありのままに申さないと皆牢に入れるぞ」と仰せられたが、「一切存じていない事なので何も申し上げられません」と申すと、百姓代八人に入牢が仰せ付けられた。常盤村の六次郎と久三郎、葛本村の弥右衛門と善兵衛、膳夫村の武助と孫三郎、新賀村の藤四郎と新三郎が入牢仰せ付けられた。その他、庄屋、年寄も過怠（処罰）として手錠をかけられ、月に六回ずつ封改するよう仰せ付けられた次第である。

一、二月五日指紙にて四村の庄屋、年寄を残らず

不残御召出し壱人宛御吟味、佐久間五右衛門様御吟味、箱訴之御吟味村役人共一切不存と申上候御事
役人共有躰不申候得者入牢申付候と御吟味被遊候、然共私シ共一切不存と申上候、先重而吟味可致と宿へ留リ申候、不申上候ニ付今晩入牢被仰渡候処、宿屋衆ハ私し方へ御預ヶ被下候様御願申ニ付宿へ帰リ申候

召し出して一人ずつ吟味された。佐久間五右衛門様が箱訴について吟味されたが、村役人たちは「一切存じませぬ」と申し上げた次第である。

「村役人ら、ありのまま申さねば牢に入れるぞ」と吟味されたが、「私どもは一切存じませぬ」と申し上げた。「先に重ねて吟味致す」とされ、宿に留まることになったが、「(何も)申さないので今晩は入牢させる」と仰せ渡されたところ、宿屋衆が「私の所へお預け下さい」とお願いしてくれたので宿へ帰ることができた。


二月四日、厳しい取り調べにも口を割らない四村の村方役人たちに業を煮やした幕府役人は、「正直に言わないと牢に入れるぞ」と脅し始め、常盤村の六次郎・久三郎、葛本村の弥右衛門・善兵衛、膳夫村の武助・孫三郎、新賀村の藤四郎・新三郎の八人の百姓代が牢に入れられます。

翌五日には幕府の佐久間五右衛門によって四村の庄屋、年寄全員が箱訴の首謀者などについて厳しく吟味されますが、庄屋、年寄たちは「一切存ぜず」として口を割りませんでした。

一、同十六日四ヶ村庄屋年寄不残御召出し、御吟味ハ先取箇ニ付之吟味、大和ハ大上之国ニ而候、木綿作克所殊ニ大根なと有之候と被仰渡、且又芝村御役所之御取箇ニ付間違ハ無之と被仰渡候、尤弐割半之事弐割半之訳御上ゟ書付も出し役人中へ能〻見申様ニ被仰此方へ書付下リ中候、弐割半高ニも畝歩ニも出来成ニも御掛ケ被成候事ニ付

一、同十六日ニ百姓之心得違之書付印形御取被遊候ニ付、役人共申上候ハ畝歩ニハ弐わリ半掛リ不申様ニ存居申候、御検見坪苅六尺三寸ニ而候、壱畝歩ニハ掛リ不申と申上置候、先此事

一、同十六日四村の庄屋、年寄を残らず召し出し、まず年貢について吟味された。「大和はたいへんよい国で木綿をよく作っている所だ。大根などもある」と仰せられ、芝村藩の年貢取り立てに間違いはないと仰せ渡せられた。二割半増高の事情について記された書付を示され、（村）役人たちもよく見るようにと仰せられて当方に書付を下げ渡された。二割半分を高にも畝歩にも出来具合にも（年貢を）お掛けになることについて。

一、同十六日、百姓が心得違いしているという書付に印形を押させようとされたので、村役人らが申し上げたことは「畝歩には二割半は掛からないと存じております。検見の際の坪刈りは六尺三寸で、一畝歩には至りません」と申し上げておいた。「ま

追々吟味可致段被仰渡候、未申酉三ヶ年之検見帳指上申候

ずこのことについて順を追って吟味するつもりである」と仰せられたので、未申酉（宝暦元〜三年）の三年分の検見帳を差し出した。

二月十六日にも四村の庄屋、年寄全員が吟味されます。幕府役人は「大和はたいへんよい国である。木綿をよく作っている。芝村藩の年貢取り立てに間違いはない」などと責め立てます。庄屋と年寄たちは二割半の増高無地に年貢がかかることは理不尽だと主張しますが、それは百姓の心得違いであるとして認めてもらえません。

大和の天領では、延宝五年（一七四八）から七年にかけて延宝検地（新検地）が実施されています。それまでの文禄検地（古検地。一五九四―九五）では六尺三寸（約一九一センチメートル）をもって一間とし、一間四方をもって一歩（一坪）としていましたが、延宝検地では一間が六尺（約一八二センチメートル）とされ、一坪約三・六四平方メートルであったものが約三・三一平方メートルに縮小されました。一反を三〇〇歩（坪）とすることはそのままですが、坪面積が約一割縮小された結果、今まで一反であった田が一反一畝として計上されることになりました。箱訴した村々はこの新検地を免れていましたから、二割半の増高無地があったとしても、古検地の村には一割前後の畝延びがあるはずであり、しかも二毛作や綿作の普及など農作物の生産力が大きく伸びていることも含めて、「百姓之心得違」

として、百姓側の言い分を受け付けなかったのです。「御検見坪苅六尺三寸ニ而候」、一間（六尺）竿では「壱畝歩ニハ掛リ不申」と主張する村側の言い分との間には大きな隔たりがあったことが分かります。

そもそも勘定奉行の神尾春央は、延享元年（一七四四）に西国巡検した際、大和へも訪れ、関東に較べて大和の生産力が高いことや百姓の奢りを指摘し、「高免なとゝて難渋之訴訟申出候ハヽ、何百人ニても江戸表江呼下シ、（中略）委細ニ吟味を詰」と脅しているくらいですから、村役人らがいくら二割半の無地への課税の理不尽さを訴えても聞き入れてもらえないことは明らかでした。奇しくも一〇年前の神尾の脅迫が現実のものとなってしまったのです。

厳しい取り調べ、犠牲者次々と

吟味といっても、それは拷問による取り調べであったことは疑いないでしょう。はじめは口を閉ざしていた者の中にも少しずつ綻《ほころ》びが生じ始めます。それでも口を閉ざし、一切事実を認めようとしない者がほとんどでした。けれども拷問は厳しく、ついに命を落とす者が出始めます。

一、同十九日四ヶ村庄屋年寄御指紙御吟味被成候、膳夫村三郎助 新賀村彦惣 此両人先達而入牢之者共ゟ此人能存知候と申ニ付入牢被仰付候、小左衛門弥右衛門宿へ帰リ申候

一、百姓代牢内ニ而責申ニ付、箱訴之下書太四郎持参致候よく候ニ付、是を相認候、尤八ヶ村之内五六ヶ村ゟ下書持参致候事

一、閏二月五日御指紙ニ而小左衛門、彦次郎、弥右衛門、忠兵衛、右四人頭庄屋木原村太四郎御吟味之上右五人入牢被仰付候、醍醐村庄右衛門方ゟ頭庄屋共、何角克存知居候と被申由ニ而入牢、同

一、同十九日四村の庄屋、年寄を指紙で（呼び出され）吟味された。膳夫村の（庄屋）三郎助と新賀村の（庄屋）彦惣の両人は先に入牢した者たちが「この人が（事情を）よく知っています」と申したため入牢仰せ付けられた。小左衛門（葛本村庄屋）と弥右衛門（同百姓代）は宿へ帰った。

一、百姓代が牢内で責められて申したことは、「箱訴の下書は太四郎（木原村頭庄屋）が持参してきたものが良かったので、これを採用した。もっとも八村の内五、六村からも下書を持参してきた」という次第であった。

一、閏二月五日指紙にて小左衛門（葛本村庄屋）、彦次郎、弥右衛門、忠兵衛の四人と頭庄屋である木原村の太四郎の五人が吟味された上で入牢仰せ付けられた。醍醐村の庄右衛門が、「頭庄屋らが何かとよく存じています」と申したための入牢で

日四ヶ村百姓代之内常盤村久三郎同六次郎此人申訳、又五郎カ京都へ飛脚ニ参リ候様ニ被申候故参リ候事、葛本村弥右衛門、膳夫村孫三郎右四人出牢致候、新賀村藤四郎牢内ニ而病気ニ而死去仕候、残牢ニ居申候、壱々皆々ためと下リ申候由、同十日常盤村六郎次郎出牢後病気ニ而相果申候、同十五日葛本村善兵衛、新賀村彦惣、膳夫村武助右三人出牢致候、新賀村藤四郎牢内ニ而病死仕候、同十九日御指紙ニ而藤兵衛、源助、忠助右三人被召出候、藤兵衛元来病気ニ而何事も不存と申上候、尤木原村太四郎ゟ偽リ申ニ付右三人御召出し忠助、太四郎と対談ニ而、忠助申上候ハ、木原村へ参リ

あった。同日、四村の百姓代のうち、常盤村の久三郎と六次郎が、「又五郎が京都へ飛脚に参るようにと申されたので行った」と述べ、（この両名と）葛本村の弥右衛門、膳夫村の孫三郎の四人が牢を出ることができた。新賀村の藤四郎が牢内で病気のため亡くなった。残りは牢にいた。それぞれ皆々のためと（江戸へ）下った。同十日常盤村の六郎次郎が出牢後、果ててしまった。同十五日葛本村の善兵衛、新賀村の彦惣、膳夫村の武助の三人は出牢し、新賀村の藤四郎が牢内で病死した。同十九日指紙にて（常盤村の）藤兵衛、源助、忠助の三人が召し出され、藤兵衛は「元来病気なので何も存じません」と申し上げた。もっとも木原村（頭庄屋）の太四郎が偽りを申していると言うので、右の三人を召し出して忠助と太四郎を対談させたところ、忠助は「木原村へ行った件など一

候儀一向不存、参リ不申と申上候、然ル所太四郎ゟ申上候ハ常盤村ニハ年寄役多ク候ニ付一ゝ名も不存、誰ニ而候哉壱人参リ候と申上、然ル所源介呼出し被遊其方木原村へ稲作苅取不申候而箱訴之願致舗度と申参候由、太四郎ゟ申候と被仰渡候、私シ一切木原村へ参候儀不存と申上候、然共太四郎申候ハ年寄中壱人参リ候と申上候、弥源助ニ而候と御吟味役人被仰候ニ付、然者太四郎と乍憚対決被仰付候様ニ申上候得ハ、左様之事ハ不成申と被仰渡候、中ゝ源介我儘申候と被仰候、然共私し木原村へ参リ候様ニ被仰聞候ニ付、太四郎と対決を被仰付候と申上候御事、源助茂先明日罷出候様ニ

向に知らないし、行ってもいない」と申し上げた。それで太四郎が「常盤村には年寄役が多く、いちいち名も知らないが、誰かが一人でやって来た」と申したため、源介が呼出された。「その方が木原村へ稲を刈り取らず箱訴を願いたいと申して来たと太四郎が申しておるぞ」と仰せられた。（源助は）「私が木原村に行ったとの件については一切存じません」と申し上げたが、太四郎は「年寄の中の一人が来た」と申した。ますます「源助ではないか」と吟味の役人が仰せられたので、（源助は）「しからば恐縮ですが太四郎と対決させてください」と申し上げたが、「そのようなことはできぬ」と仰せられ、「源介は随分わがままを申しておる」と仰せられた。（これに対し源助は）「私が木原村へ行ったように仰せ聞かされたので、太四郎と対決させてください」と

被仰付候、同廿日源助斗御吟味ハ木原村へ参候儀御吟味被遊候得共、何分不存と申上候、有躰ニ不申候得ハ牢へ遣し候と被仰候得共、参不申事ハ参リ候と難申上候と申上候得ハ、又ゝ明日罷出候様ニ被仰付候

（中略）

申し上げ、「源助も明日来るように」と仰せ付けられた。同二十日源助だけの吟味が行われ、木原村へ行ったかについて糾されたが、「何分にも存じません」と申し上げたところ、「有り体に申さないと牢に入れるぞ」と仰せられたが、「行っていない事を行ったとは申し上げられない」と言うと、「また明日出てこい」と仰せ付けられた。

閏《うるう》二月五日、とうとう最初の犠牲者が出ます。新賀村の藤四郎が牢内で病死してしまったのです。十日には常盤村の六郎次郎も出牢直後に病気で亡くなります。京都にいる仲間たちも飛脚で江戸に呼び出され、「誰が稲の刈取り拒否を言い出したのか」などと尋問されます。常盤村の藤兵衛、源助、忠助の三人は、木原村の頭庄屋である太四郎が「稲の刈取り拒否と箱訴を誘ったのは常盤村の年寄です」と白状したぞと責め立てられますが、「それは偽りです」と主張したため、太四郎の言い分と忠助の言い分を対比しながら尋問が行われます。入牢も長引き、辛い拷問が続くなかで仲間たちの団結の間にも綻《ほころ》びが生じてきたようです。

なおこの件については、常盤村の年寄の源助が「私は一切木原村には行っていません。私が木原

村へ行ったと仰せられるのなら太四郎と対決させてください」「行っていない事を行ったとは申せません」などと必死に抗弁している様子には切迫感があります。

一、七月十二日、国本出立致候常盤村定七、出合村源助伊兵衛江戸着、同廿五日廿七日一色周防守様へ御引渡し、下之庄村善九郎、高家村源五郎、作重郎、倉橋村清次郎、七月十二日和州出立、式下郡大安寺村平三郎、東井上村、蔵堂村、桧垣村、遠田村、為川村、南桧垣村、同十二日和州出立、葛下郡参リ申候江戸着廿五日、同廿七日一色周防守様へ御引渡し、王寺村より五人、曽根村壱人、北花内村弐人、亀瀬、藤井村壱人ッヽ、良福寺壱人、当麻村弐人、大橋壱人

一、七月十二日、国元を出立した常盤村の定七、（十市郡）出合村の源助と伊兵衛が江戸に到着し、二十五日と二十七日に一色周防守様へ御引渡しになった。下之庄村の善九郎、高家村の源五郎、作重郎、倉橋村の清次郎が七月十二日大和を出立し、式下郡大安寺村の平三郎、東井上村、蔵堂村、桧垣村、遠田村、為川村、南桧垣村の者も同じく十二日に大和を出立した。葛下郡の者たちの江戸着は二十五日で、同二十七日に一色周防守様へ御引渡しになった。（その内訳は）王寺村より五人、曽根村一人、北花内村二人、亀瀬村、藤井村一人ずつ、良福寺一人、当麻村二人、大橋一人。

一、七月廿四日式下郡伊与戸村助四郎、同新屋敷之源四郎、遠田村清兵衛、長兵衛右四人御召出し箱訴願書候者国本へ尋ニ遣し申候処、八右衛門と申もの無之と被仰聞候、此人儀拙者共名前間違候と遠田村長兵衛ゟ申上候者、田原本伊左衛門子玄流と申ものニ而候、拙者共覚違と中上候ニ付口書玄流と成申候由、同廿四日ニ木原村源七并ニ忠蔵御召出し、稲作苅取之儀御吟味被遊候、尤御勘定御奉行不残御立合ニ而被仰渡候ハ、庄屋共有躰不申候ニ付、順シ候義同様と被仰渡候

（中略）

一、七月二十四日式下郡伊与戸村の助四郎、同新屋敷の源四郎、遠田村の清兵衛、長兵衛の四人を召し出しになり、箱訴願を書いた者を尋ねるために国元へ遣したところ、「八右衛門と申す者はいません」と仰せ聞かされた。遠田村の長兵衛が、「この人については私が名前を間違えました」、「田原本の伊左衛門の子玄流という者で、私の覚え違いです」と申したため、口書は玄流ということになった。同二十四日に木原村の源七と忠蔵を召し出し、稲の刈取りの件について吟味なされた。勘定奉行が全員で立ち会われ、「庄屋たち、有り体に申さないと共犯と見なすぞ」と仰せられた。

拡大する取り調べ　～式下郡、葛下郡の村方役人も江戸に召し出し～

厳しい吟味を行っても、思うような証言が得られなかったせいでしょうか、それとも新しい証言が得られたせいでしょうか、箱訴を行った十市郡九村以外の村にも取り調べの範囲が拡大されていきます。

七月十二日、十市郡常盤村の定七、出合村の源助と伊兵衛が、また同じ十市郡の下之庄村の善九郎、高家《たいえ》村（現桜井市）の源五郎、作重郎、倉橋村（現桜井市）の清次郎、式下郡大安寺村の平三郎、東井上《いね》村、蔵堂《くらんどう》村、為川《ためがわ》村（以上現田原本町）、桧垣《ひがい》村、南桧垣村、遠田村（以上現天理市）や葛下郡の一行も江戸に向かって出立します。葛下郡一行は、王寺村（現王寺町）から五人、曽根村（現大和高田市）から一人、北花内村（現葛城市）から二人、亀瀬村・藤井村（以上現王寺町）から各一人、良福寺村（現香芝市）から一人、当麻村から二人、大橋村（以上現葛城市）から一人で、計八村十四人です。

一行は二十五日に江戸に到着しますが、翌々日の二十七日には勘定奉行一色周防守のもとへ引き渡されます。

これらの村の共通点は、元は郡山藩領であり、その後天領とされ、二割半の増高無地を有したまま芝村藩の預り所となったということです。したがって箱訴をした十市郡の九村と同様、「畝詰り」で苦しんでいましたから、共謀していたのではないかという嫌疑がかかったのでしょう。

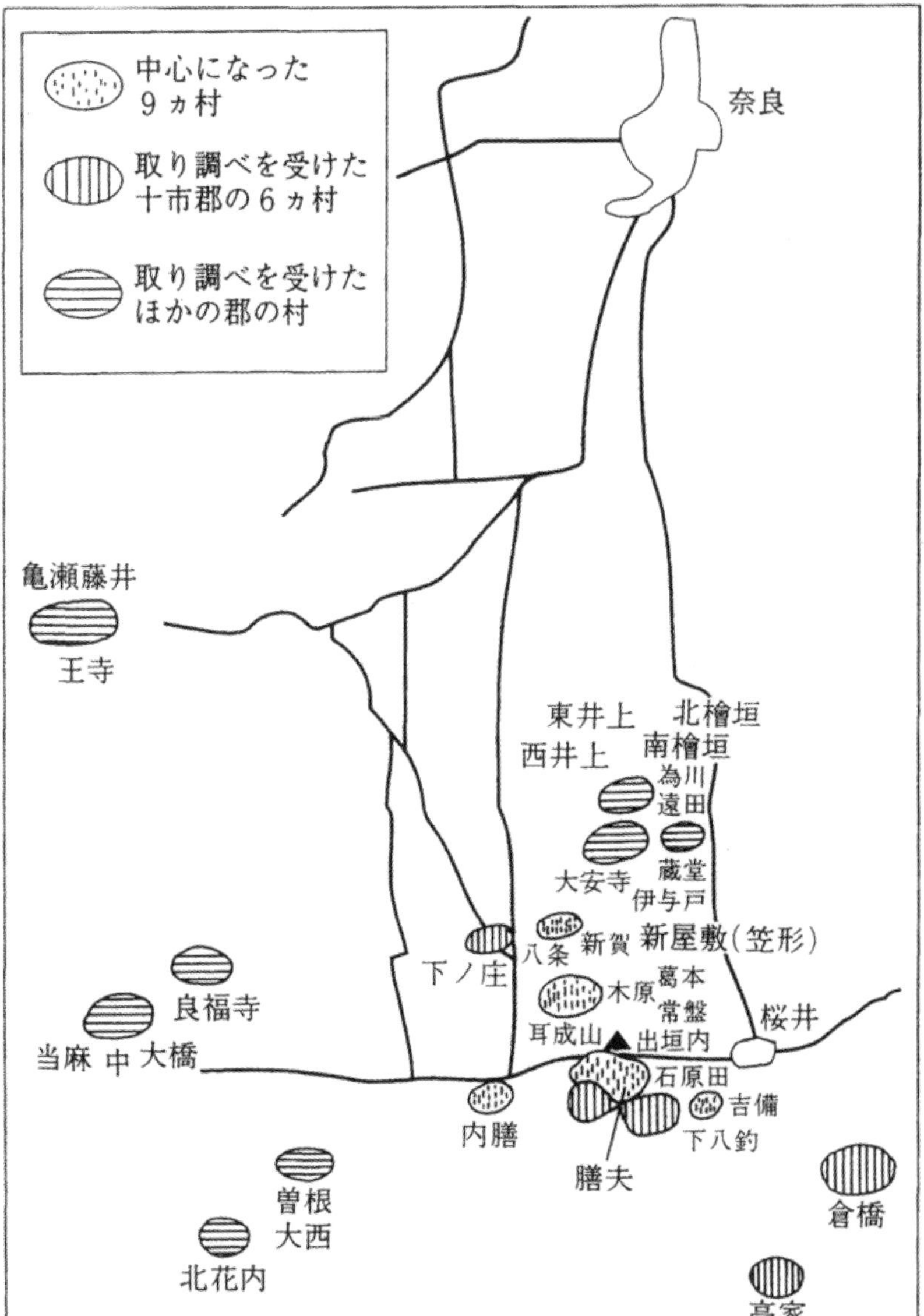

芝村騒動に関係した村々
（農山漁村文化協会『江戸時代　人づくり風土記２９　奈良』より）

一、定七箱訴之儀御尋被遊、強訴御法度之段被仰渡候、四度箱訴致候段御尋、初壱度ハ天神山ニ而印形仕候、誰参リ候様ニ申付候哉、夥敷御上納銀相掛リ候ニ付箱訴致候ハヽ御慈悲有之と奉存候、暮方ゟ参リ定七名前付有所へ印形仕候、然ハ誰読聞せ申候哉御尋、誰共不存候私シ共水呑同様之百姓故何事も不存候□□内膳村安兵衛読聞せ候哉ニ成候ハヽ、左様之事ニ可有御座候と申上候事

一、（常盤村の）定七に箱訴の件について尋問され、「強訴は御法度であるぞ」と仰せられた。四度も箱訴した事情について尋ねられ、「最初の一度目は天神山で印を押しました」と答えると、「誰が来るように申しつけたのか」と尋ねられたので、「夥しい上納銀が掛かってきたため、箱訴すればご慈悲があると思いました。夕方より参り、定七の名前のある所に印を押しました」と返答した。「しからば誰が読み聞かせたのか」と尋ねられたので、「誰とも存じません。私どもは水呑同様の百姓ゆえ何も存じません」と答え、「内膳村の安兵衛が読み聞かせたのではないか」と確認されたので、「左様のことかもしれません」と申し上げた次第である。

一、稲作苅残シ置候儀誰申付候哉ニ御尋、誰共なし夥敷御年貢御上納銀相掛リ申ニ付、無誰共何方ニも苅残し居申ニ付、水呑同前の百姓ニ候得共苅残し申候と申上候

一、彦市郎箱訴之世話致候、何角克存居可申と御尋、親共儀京都興正寺様之御用相勤居申候、京都へ壱年ニ四五度参リ申候、和州村々上リ物集ニ罷出被申候ニ付、私シ一切不存候、又村用ニ罷出候哉是又不存候、然共彦市郎一所ニ居申候得者何角能存居可申候被仰渡候私シへ咄茂一切無之候ニ付不存事

一、「稲を刈り残した件について、誰が申し付けたのか」と尋ねられたが、「夥しい年貢の上納銀が掛かってきたので、誰ともなくあちこちで刈り残しており、水呑同様の百姓ですが、私も刈り残しました」と申し上げた。

一、「（常盤村の）彦市郎が箱訴の世話を致したのではないか、何かとよく存じているであろう」とお尋ねになり、「親の件で京都の興正寺様の御用を勤めており、京都へ一年に四、五度参ります」と申したら、「和州の村々は上り物を集めに出て行くのか」と申されたので、「私は一切存じません」と答えた。また「村の用で行ったのか」という問いについては「これも存じません」と答えた。「しかし彦市郎は一緒にいたので、何かとよく存じておろう」とお尋ねになったが、私への話も一切無

一、寄合等へ孫右衛門歟年寄歟彦重郎カ参候哉と御尋、私シ水呑同前ニ付何事も不存候と申上候事

（中略）

一、八月四日御召出し被遊、十市郡式下郡葛下郡、先月廿五日江戸着致候分、御暇乞出申候、一色周防守様ゟ被仰渡候段、其方共箱訴致候儀相咎申事無之と被仰渡候、一同致願候ニ付呼寄被仰渡候、罷帰リ末〻百姓迄申入候様ニ被仰候由、尤百姓共困窮仕候と相願候、此儀ハ百姓共能キ風俗致

く、存じておりませんと答えた。

一、「寄合等へは（常盤村の）孫右衛門か、年寄か、彦重郎が行ったのか」とお尋ねになったが、「私は水呑百姓同様で何も不存じません」と申し上げた次第である。

一、八月四日召し出されたのは、十市郡・式下郡・葛下郡の先月二十五日に江戸に到着した者らで、お暇乞いに赴いた。一色周防守様より仰せ渡された事は、「その方らが箱訴致したことについてはお咎めなしとする」と仰せられた。一同が願い出たので、「帰って末々の百姓にまで申し入れるように」と呼び寄せて仰せ渡されたことは、「とかく百姓たちは困窮していると願ってくるが、百姓

候ニ付困窮仕候と被仰渡候、百姓と申者タヾツヾレギレヲ相着し、帯等も縄帯を致、昼夜共相働キ精出し申候得者困窮致候事無之と被仰渡候、末ゝ百姓迄も能ゝ申聞セ候様ニ被仰渡候御事、尤大和国両毛取入其上色ゝ蒔付出来申所と被仰候、関東表ハ片毛斗リ取入候得共高免と被仰渡候御事

（中略）

一、八月十三日、十市郡木原村源七、八条村八郎兵衛惣次郎、与重郎、利右衛門、又市、弥治兵衛、膳夫村治郎兵衛、下之庄村源三郎、式下郡遠田村長兵衛、清兵衛、文五郎、伊与戸

たちはよい風俗をしているから困窮するのだ」と仰せ渡された。「百姓と申す者は、ただ継ぎ接《は》ぎを着、帯も縄帯で、昼も夜も働いて精を出せば困窮するようなことはない」と仰せ渡された。「末々の百姓までよくよく申し聞かせるように」と仰せ渡された次第で、「とりわけ大和国は両毛（表作と裏作）を取り入れ、その上にいろいろなものを蒔き付けることが出来る所である」と仰せられた。「関東は片毛ばかりを取り入れるだけだが、それでも高免である」と仰せ渡された次第である。

一、八月十三日、十市郡木原村の源七、八条村の八郎兵衛、惣次郎、与重郎、利右衛門、又市、弥治兵衛、膳夫村の治郎兵衛、下之庄村の源三郎、式下郡遠田村の長兵衛、清兵衛、文五郎、伊与戸村の助四郎、同新屋敷村の源四郎、葛下郡大西村の藤

村助四郎、同新屋敷村源四郎、葛下郡大西村藤兵衛、新兵衛、良福寺村甚右衛門〆拾七人、大西村佐助壱人、〆拾八人御召出し被遊、其方共未タ御吟味残リ候ニ付入牢可申付ヶ□被仰渡候事、右之内膳夫村治郎兵衛壱人段々残リ御吟味御座候処、御暇出申候、夫故町宿へ帰リ申候

一、八月十六日御召出之上過怠牢舎被仰付候覚、常盤村藤兵衛、源介、忠介、宗介、葛本村平兵衛、太兵衛、嘉兵衛、新賀村喜兵治、甚兵衛、木原村弥四郎、平四郎、膳夫村新七、下八釣村新兵衛、下之庄村彦次郎、八条村善右衛門、出垣内村源次郎、出合村藤助右之人

兵衛、新兵衛、良福寺村の甚右衛門しめて十七人に、大西村の佐助一人を加えた十八人を召し出され、「その方ら未だ吟味が残っているため入牢申し付ける」と仰せ渡されたとの事である。右の内、膳夫村の治郎兵衛一人だけが残されて吟味されたところ、暇が出されたので町宿へ帰った。

一、八月十六日御召し出しの上、過怠により牢舎仰せ付けられたことの覚え、常盤村の藤兵衛、源介、忠介、宗介、葛本村の平兵衛、太兵衛、嘉兵衛、新賀村の喜兵治、甚兵衛、木原村の弥四郎、平四郎、膳夫村の新七、下八釣村の新兵衛、下之庄村の彦次郎、八条村の善右衛門、出垣内村の源次郎、出合村の藤助の人数十七人が入牢仰せ

数拾七人入牢被仰付候

一、九月十一日御召出し、式下郡遠田村甚兵衛、久兵衛、吉兵衛、葛下郡当麻村茂平次、南藤井村孫右衛門、王寺村長次郎、曽根村源五郎、中村久兵衛、右人数合テ八人

一、九月廿一日高家村、倉橋村江戸着致候、同廿五日御召出し町宿へ御預ヶ被成候

一、九月廿三日十市郡常盤村武助、石原田村又市、八条村壱人、吉備村仁郎兵衛、膳夫村新助、新口村又四郎、右之人参候

付けられた。

一、九月十一日の御召し出しは、式下郡遠田村の甚兵衛、久兵衛、吉兵衛、葛下郡当麻村の茂平次、南藤井村の孫右衛門、王寺村の長次郎、曽根村の源五郎、中村の久兵衛、右人数合わせて八人

一、九月二十一日、高家村、倉橋村の者が江戸に到着した。同二十五日に召し出され、町宿へお預けとなった。

一、九月二十三日、十市郡常盤村の武助、石原田村の又市、八条村の一人、吉備村の仁郎兵衛、膳夫村の新助、新口村の又四郎がやって来た。

一、極月十日御召出し、式下郡遠田村久兵衛、吉兵衛二人、十市郡八条村又市、善右衛門、新賀村甚兵衛、葛下郡当麻村茂平次、右六人病気ニ付出牢仕宿預ケニ候

一、極月（十二月）十日の御召し出しは、式下郡遠田村の久兵衛、吉兵衛の二人、十市郡八条村の又市、善右衛門、新賀村の甚兵衛、葛下郡当麻村の茂平次で、右の六人は病気につき出牢し、宿預けになった。

拷問の果ての悲しい結末

吟味の様子は「吟味次第」のとおりですが、実際はもっと執拗かつ残忍なものだったでしょう。あまりに厳しい拷問に耐えかねて、命を落とす者が続出します。

江戸町宿ニ而病死仕候人数
一、二月廿二日、新賀村藤四郎
一、閏二月十日、常盤村六郎次郎

江戸の町宿にて病死した人数
一、二月二十二日、新賀村（橿原市）の藤四郎
一、閏二月十日、常盤村（同）の六郎次郎

一、閏二月十五日、新賀村彦惣
一、四月九日、膳夫村新六
一、五月二日、常盤村宗七
一、同月廿日、内膳村安兵衛
一、同月廿四日、常盤村彦市
一、六月二日、常盤村孫右衛門
一、同月廿二日、内膳村宗兵衛
一、九月二日、北花内村作重郎
一、同月十日、吉備村平兵衛
一、同月廿五日、遠田村長兵衛
一、同月廿五日、常盤村藤兵衛
一、同月廿七日、出垣内村源重郎
一、同月晦日、吉備村平次郎
一、十月二日、吉備村甚兵衛
一、十月七日、葛本村喜平次
一、同十八日、木原村弥四郎

一、閏二月十五日、新賀村（同）の彦惣
一、四月九日、膳夫村（同）の新六
一、五月二日、常盤村（同）の宗七
一、同月二十日、内膳村（同）の安兵衛
一、同月二十四日、常盤村（同）の彦市
一、六月二日、常盤村（同）の孫右衛門
一、同月二十二日、内膳村（同）の宗兵衛
一、九月二日、北花内村（葛城市）の作重郎
一、同月十日、吉備村（桜井市）の平兵衛
一、同月二十五日、遠田村（天理市）の長兵衛
一、同月二十五日、常盤村（橿原市）の藤兵衛
一、同月二十七日、出垣内村（同）の源重郎
一、同月晦日、吉備村（桜井市）の平次郎（良）
一、十月二日、吉備村（同）の甚兵衛（「甚治郎（良）」か）
一、十月七日、葛本村（橿原市）の喜平次（「嘉平次」か）
一、同十八日、木原村（同）の弥四郎

一、同廿日、木原村平四郎
一、同廿八日、大西村藤兵衛
一、十一月朔日、葛本村太兵衛
一、同三日、八条村宗次郎
一、同三日、遠田村甚兵衛
一、同十八日、下八釣村新兵衛
一、同廿七日、王寺村長次郎
一、同廿八日、南藤井村孫右衛門
一、十二月八日、下之庄村彦次郎
一、同九日、出合村藤助
一、同廿日、八条村善右衛門町宿ニ而出
牢致候
〆廿九人相果申候
一、正月六日、大西村新兵衛
一、二月晦日、八条村了伯
一、同晦日、曽根村源五郎

一、同二十日、木原村（同）の平四郎
一、同二十八日、大西村（大和高田市）の藤兵衛
一、十一月朔日、葛本村（橿原市）の太兵衛
一、同三日、八条村（田原本町）の宗次郎
一、同三日、遠田村（天理市）の甚兵衛
一、同十八日、下八釣村（橿原市）の新兵衛
一、同二十七日、王寺村（王寺町）の長次郎
一、同二十八日、南藤井村（葛城市）の孫右衛門
一、十二月八日、下之庄村（桜井市）の彦次郎
一、同九日、出合村（橿原市）の藤助
一、同二十日、八条村（田原本町）の善右衛門町宿
に出牢致す。
しめて二十九人が死亡した。
一、正月六日、大西村（大和高田市）の新兵衛
一、二月晦日、八条村（田原本町）の了伯
一、同晦日、曽根村（大和高田市）の源五郎

一、同十二日、膳夫村新七
一、同十五日、亀瀬藤井藤兵衛
一、三月十日、八条村又市
一、同十六日、式下郡伊与戸村新屋舗源四郎、宿ニ而病死致候
一、五月十日、葛下郡当麻村中村久兵衛、宿ニ而痛死致候

（中略）

一、亥之七月十八日一色様ゟ朝五ッ時ニ御指紙参候、九ッ時之御召出し村々、十市郡ニ而葛本村小左衛門、同村弥右衛門、同善兵衛、石原田村忠兵衛、下八釣村藤兵衛、吉備彦次郎、木原源七、下之庄村源三郎、八条村

一、同十二日、膳夫村（橿原市）の新七
一、同十五日、亀瀬藤井（王寺町）の藤兵衛
一、三月十日、八条村（田原本町）の又市
一、同十六日、式下郡伊与戸村新屋敷（田原本町）の源四郎、宿にて病死
一、五月十日、葛下郡当麻村中村（葛城市）の久兵衛、宿にて痛死した。

一、亥の七月十八日、一色様より朝五ッ時（八時頃）に指紙が来て、九ッ時（十二時頃）に召し出しとなった村々は、十市郡では葛本村の小左衛門、同村の弥右衛門、同善兵衛、石原田村の忠兵衛、下八釣村の藤兵衛、吉備の彦次郎、木原の源七、下之庄村の源三郎、八条村の八郎兵衛、治右衛門、弥治

八郎兵衛、治右衛門、弥治兵衛、与重郎、膳夫村三郎助、都合拾三人、式下郡ニ而ハ遠田村文五郎、清兵衛、伊与戸村助四郎、都合三人、葛下郡良福寺村甚右衛門、大西村佐助弐人、三郡合テ拾八人、一色様ゟ被仰渡候趣、其方共先達而入牢申付置候処病気ニ付町宿預ケ申付、然ル所本復致候ニ付、又度入牢申付候と被仰付候而、右拾八人牢舎被仰付候御事

兵衛、与重郎、膳夫村の三郎助、都合十三人、式下郡では遠田村の文五郎、清兵衛、伊与戸村の助四郎の都合三人、葛下郡良福寺村の甚右衛門、大西村の佐助の二人、三郡合せて十八人、一色様より仰せ渡しがあり、「その方ら先だって入牢申し付けたところ病気となり町宿に預け申し付けた。しかるところ回復したので、再度入牢申し付ける」と仰せ付けられ、右の十八人が牢舎仰せ付けられた次第である。

二月二十二日の新賀村の百姓代藤四郎に始まり、翌月の閏二月には常盤村の六郎次郎と新賀村の庄屋彦惣が、四月九日には膳夫村の新六が、五月には常盤村の宗七、内膳村の安兵衛、常盤村の彦市が亡くなっていきます。内膳村の安兵衛は、箱訴状に押印するにあたって、「内膳村安兵衛読聞せ候哉」と常盤村の定七が尋問されたように、箱訴状の内容を皆に読み聞かせたと疑われた人物だけに拷問もより厳しかったのではないでしょうか。

吉備村の薬師寺にある供養碑

吉備村では（藤本）平兵衛、（岡橋）平次良、（竹田）甚治良が牢死した。吉備・薬師寺にはこの犠牲者を供養するための石碑が建てられ、裏に三人の俗名が、右横に「江戸ニ而命終　施主吉備村中」と刻まれている。吉備に残る資料によると（高井）長八・（松井）庄蔵・（森本）新五郎・（吉崎）又四郎・（吉本）甚五郎は帰郷できたが、彦次郎（追放）と仁郎兵衛（入牢）の消息は不明。余談ながら新五郎は私の叔母宅の先祖に当たる人物である。

念仏寺の石碑（橿原市膳夫町）

膳夫村では新六と新七が牢死した。また庄屋の喜多三郎助が新島へ遠島となった。念仏寺の石碑にこの３人の名が刻まれている。

この中で常盤村の犠牲者が多いのが注目されます。常盤村の彦市は唯一死罪となった人です。「彦市郎箱訴之世話致候、何角《なにかと》克《よく》存《ぞんじ》居《おり》可申《もうすべし》」と尋問されていることから察せられるように、箱訴の中心人物として人一倍苛酷な拷問を受けたものと想像されます。庄屋の孫右衛門も「寄合等へ孫右衛門歟《か》年寄歟《か》彦重郎カ参候哉《や》」などと尋問されていますから、やはり厳しい拷問の犠牲となったのでしょう。藤兵衛も木原村へ通謀した一人として犠牲となったものと推察されます。

南藤井村・孫右衛門の石碑
葛城市南藤井コミュニティセンター敷地の片隅に「和田孫右衛門」と刻まれた石碑がある。今も毎年春の彼岸には法要が営まれている。（葛城市歴史博物館課長補佐・田中慶治氏の御教示による。）

以下、内膳村の宗兵衛、北花内村の作重郎、吉備村の平兵衛・平次郎・甚兵衛、葛本村の嘉平次・太兵衛、木原村の弥四郎・平四郎、遠田村の長兵衛・甚兵衛、出垣内村の源重郎、大西村の藤兵衛・新兵衛、八条村の宗次郎・善右衛門・了伯・又市、下八釣村の新兵衛、王寺村の長次郎、南藤井村

の孫右衛門、下之庄村の彦次郎、出合村の藤助、曽根村の源五郎、膳夫村の新七、亀瀬藤井村の藤兵衛、伊与戸村新屋舗の源四郎、葛下郡当麻村中村の久兵衛の計三七人（三八人とする説もあります）もの命が奪われています。これらの者は病死となっていますが、死ぬ寸前のところまで非情な拷問が行われたことを物語っています。その意味で、この人たちは村の仲間を守るために命をかけて抵抗した、まさしく郷土の犠牲者といえるでしょう。

これら犠牲者の中で特に目を惹くのが「五月十日、葛下郡当麻村中村久兵衛、宿ニ而痛死致候」という記述です。他の者はすべて病死ですが、中村（現葛城市）の久兵衛だけが「痛死」となっています。

寛保二年（一七四二）、八代将軍徳川吉宗の下で作成された「公事方御定書」によると、町奉行所での拷問は「笞打《むちうち》」、「石抱《いしだき》」、「海老責」、「釣責《つるしぜめ》」の四種でした。

笞打では、衣服を脱がせ諸肌《もろはだ》を太縄で縛り、左右の腕の先を締め上げて背中の肩までもっていきます。これだけでも相当な激痛で、大声で悲鳴をあげる者も少なからずいました。その上で箒尻《ほうきじり》という拷問杖で肩を力一杯打敲《たた》くというものですが、皮肉が破れ、血が出れば砂を傷口に振りかけて血止めし、さらにその傷口の上を敲くといったことも平然と行われました。阿弥陀経や不動経などを唱え必死に堪えていた者も苦痛に堪えかねて白状したといいます。

笞打で白状しない者に対してはより厳しい石抱が行われます。柱に縛り付けられ、真木又は十露盤板という三角柱を敷き並べた台の上に脚を露出したままで正座させられます。膝の上に、長さ三尺（約九一チセン）、幅一尺（約三〇チセン）、厚さ三寸（約九チセン）、重さ一二貫（約四五キロ）の石が何枚も載せられていくという拷問です。四、五枚で体は蒼色に変じ、口から泡や血を吐いたといいます。臑《すね》の肉は木の角にくい込み、骨も砕けんばかりの激痛に襲われます。六、七枚にもなると相当に強情な者でさえ気絶し、絶命する者も出ました。また笞打や石抱でも白状しない者には、さらに残忍な海老責や釣責が行われました。

慶長年間（一五九六―一六一五）に、江戸の牢獄は常盤橋（日本橋川にかかる橋）門外から伝馬町（日本橋小伝馬町）に移転しましたが、伝馬町の牢は風通しが悪く、そこに大勢の罪人が押し込められているため、異様な臭気がこもっているという劣悪さに加え、朝夕の飯も人間の食い物とは思われないような粗悪さで、大抵の者は入牢後発熱するなど、牢疫病に罹ったといいます。芝村騒動で入牢された者のうち、年老いたり病弱な者は、拷問ならずとも病に倒れたものと思われます。

中村の熨斗久兵衛がどのような拷問を受けたのかは分かりません。「痛死」の久兵衛だけでなく、「病死」と記録された者たちも、何らかの拷問を受けていたと思われますが、久兵衛に対する拷問は、他の者より苛烈であったと推察されます。

久兵衛に対する拷問が厳しかった理由として、『大和人物志』（前掲）に、近村の里正（庄屋）と共に京都所司代（京都町奉行所の誤り）に訴え出たと記されていることが注目されます。その部分を紹介します。

熨斗久兵衛は葛下郡平田荘中村の人にして、家世々里正たり。久兵衛が職にある頃、会々頻年登らず、加ふるに苛斂誅求日に急にして里民負担に堪へしかば、久兵衛これを憂ひ、附近の諸里正等と謀りて、減租を芝村侯に請ひ、又これを京都所司代に訴へしかども、皆省みられざりき。

（『大和人物志』より。傍点筆者）

葛下郡中村の久兵衛は箱訴を行った十市郡の九村と意を通じ、葛下郡の南藤井村（現葛城市）の孫右衛門（牢死）、曽根村（現大和高田市）の源五郎（牢死）、良福寺村（現香芝市）の甚右衛門（仕置不明）や王寺村の長次郎（牢死）、亀瀬藤井村（以上現王寺町）の藤兵衛（牢死）らと協議し、その中心人物として厳しい拷問を受けることになったのでしょうか。

卯の花を　紅に染めて　われゆかん　友草はぐむ　露となれかし

これは久兵衛の辞世の歌です。あらためて冒頭に紹介した、熨斗家の一角にある「熨斗氏頌徳碑」の内容を読み直してみてください。久兵衛の身に起こった悲劇、久兵衛の苦痛、悲鳴を思いながらこの歌をよむとき、悲しみをこえて胸が苦しくなってきます。拷問の苦しみは、現代人の我々の想像を遙かに超えるものであったことでしょう。

無情な仕置（処罰）

宝暦五年（一七五五）八月七日、ついに厳しい仕置が下されます。最初の箱訴を行ったのが宝暦三年十一月二日でしたから、二年弱の歳月が経過していました。

一年八カ月に及んだ江戸での取り調べで吟味を受けた者は三郡三十三村の二百二十一人にも上っています。この中には入牢中や出牢直後に病死した人たちも含まれています。また死から免れ、かろうじて生き残った者たちにも厳しい処罰が待っていました。

木村先生の論文『「芝村騒動」覚書』から引用させていただきますが、これが処罰された者のすべてであるとは限りません。これ以外にも処罰された者がいた可能性があることを断っておきます。

死罪　常盤村　彦市（病死）
遠島　葛本村　百姓代善兵衛―三宅島　同弥右衛門―八丈島
　　　膳夫村　庄屋三郎助―新島
　　　八条村　年寄与重《（十）》郎―新島
追放　葛本村　庄屋小左衛門、年寄平兵衛、同嘉兵衛、同太兵衛（病死）
　　　　　　　百姓代嘉平次（病死）
　　　常盤村　年寄源助、組頭惣《（宗）》助
　　　石原田村　庄屋忠兵衛、年寄源兵衛
　　　吉備村　庄屋彦次郎
　　　下八釣村　庄屋藤兵衛
　　　木原村　頭庄屋太四郎、庄屋源七
　　　新賀村　年寄甚兵衛
　　　内膳村　庄屋惣《（宗）》四郎
　　　八条村　庄屋八郎兵衛
　　　　　　　治右衛門
　　　　　　　弥次兵衛

処分の内容は死罪が一人、遠島が四人、追放が三二人でしたが、それまでに三七人（三八人）人が牢死（宿で亡くなった者も含めて）していました。死罪となった彦市も、宝暦四年（一七五四）閏二月二十四日にすでに病死しています。おそらくは拷問の果ての死であったと思われます。前述したように、幕府は彦市を首謀者の一人とみなしていました。

春日神社（橿原市常盤町）にある「連碑」
裏に箱訴に関係した孫右衛門・藤兵衛・惣助・忠助・彦市・六治郎・惣七の名が刻まれ、「為此輩建焉」と功績を称えている。

「稲の刈り取り拒否と箱訴を誘ってきたのは常盤村の年寄です」と白状され、「それは偽りです」と訴えた常盤村の年寄源助は追放処分となっています。

遠島になった者の田畑、家屋敷、家財は闕所《けっしょ》となり没収されました。追放は重追放、中追放、軽追放の三種類に区分されますが、重追放では遠島同様、田畑、家屋敷、家財が没収されます。中追放では田畑、家屋敷が没収され、軽追放では田畑が没収されますが、彼らがいずれの追放であったかは分かりません。なお葛本村の庄屋藤本小左衛門は軽追放となり、大坂に身を寄せたようです。

私の住む旧良福寺村（現香芝市）の庄屋藤田甚右衛門も仕置の直前に入牢させられていることから、木村先生は追放処分になったのではないかと推察されています。十市郡下之庄村の源三郎、式下郡遠田村庄屋の文五郎と清兵衛、伊与戸村の助四郎、葛下郡大西村の佐助なども同じく追放処分の厄にあったものと推察されています。ただ良福寺には甚右衛門のことが何も伝わっていないのが残念です。

こうして大和の国中《くんなか》じゅうを巻き込んだ芝村騒動は、数多くの人命を損なうなど、箱訴の時点では想像もできなかったような大きな犠牲を出し、足かけ三年もの長い期間を要して終結しました。

浄教寺法要（橿原市葛本町）＝奈良新聞社提供
毎年５月、芝村騒動の犠牲となった庄屋藤本小左衛門などを称えるための法要が行われる。

その後の年貢は・・・

葛下郡中村については、先に紹介した『大和人物志』に熨斗久兵衛の功績が書かれ、その後の年貢のことが書かれています。

> 朋党強訴を以て擬せられ獄に繋がるゝこと数月、久兵衛病んで獄中に歿せり。時に宝暦四年五月なり。久兵衛の獄にありしとき、一言も家事に及ばず。口にするところ唯村民の疾苦のみなりしかば、その至誠遂に有司を動かし、後半村内の租税は半減せられ、且つその納期を緩うせること、一に久兵衛の請ふ所の如くなることを得たり、村民大いに喜び、且つ歎して曰く、久兵衛微《め》せば奚《いずく》んぞ斯の如きを得ん……（傍点筆者）

「村内の租税は半減せられ」という記述を信じれば、熨斗久兵衛の死は無駄ではなかったことになります。

橿原市葛本町（旧葛本村）にある浄教寺の本堂にある厨子に八角柱の位牌があります。この七面に芝村騒動の犠牲となった葛本村の七人の名が刻まれています。その位牌の横に「位牌由来記」という文書が納められています。

位牌由来記

抑位牌之檻腸と申者、宝暦三癸酉年、其節者芝村織田丹後守様御預り所ニ而、御取箇段々御高免ニ被仰付、宝暦二壬申年ニ至り、当村之御取箇九百七拾八石余ニ而外村々も一同御高免ニ相成候ニ付、当郡之内、新賀村・木原村・内膳村・常盤村・八条村・膳夫村・吉備村八ヶ村申合、右御取箇ニ而者一同難立行、依之酉年稲毛刈取不申、地頭所江段々御歎申上、尚又京都表江箱訴等仕候、依之、酉極月廿四日芝村御役所江右村々庄屋・年寄・百姓代御召出シ、当村ニ而ハ、庄屋小左衛門、年寄平兵衛・嘉兵衛・太兵衛、百姓代弥右衛門・嘉平次・

そもそも位牌の檻腸《らんしょう》とは、宝暦三年、その節は芝村織田丹後守様の預り所で御取箇《（年貢）》段々に高免に仰せ付けられ、宝暦二年に至り当村の取箇は九百七十八石余で、他の村々も一同に高免となったため、当郡の内、新賀村・木原村・内膳村・常盤村・八条村・膳夫村・吉備村の八ヶ村が申合せ、この取箇では一同立ちゆき難く、このため宝暦三年に稲を刈り取らず、地頭所へ段々お歎き申し上げ、京都表へ箱訴等を行った。これにより宝暦三年十二月二十四日芝村御役所へ右の村々の庄屋・年寄・百姓代を御召し出しになり、当村では庄屋小左衛門、年寄平兵衛・嘉兵衛・太兵衛、百姓代弥右衛門・嘉平次・善兵衛七人が罷り出たところ、右八ヶ村一同へ仰せ渡されたのは江戸表からの召し出しで、二十六日に江戸表善兵衛七人罷出候所、右八ヶ村一同江被仰渡候者、江戸表ゟ御召出シニ候間廿六日ゟ江戸表江罷下り候様被仰付候、右ニ付廿六日八ツ時、当村出立ニ而芝村御役所江罷出、芝村ニ而一宿、廿七日早朝ゟ出立、御役所ゟ郷目付衆壱人、足軽弐人付添罷下り申候、然ル所翌戌ノ春三月ニ至り、十市郡・式下郡・葛下郡村々ゟ追々罷下り、凡人数弐百人余罷下り申候、右八ヶ村稲毛翌戌ノ春刈取申候、前代未聞之大騒動、江戸表ニおゐて至而厳敷御吟味之上、亥年八月ニ罷下り候村々一同ニ夫々咎メ被仰付落着仕候、当村ニ而ハ小左衛門重キ追放、平兵衛・嘉兵衛・太兵衛・嘉平次ハ中追放、弥右衛門者八丈ヶ嶋江遠嶋、

へ罷り下るよう仰せ付けられた。よって二十六日八ツ時（午後二時頃）、当村を出立し芝村御役所へ罷り出、芝村で一宿、二十七日早朝より出立、御役所からは郷目付衆一人、足軽二人が付添い罷り下った。しかるところ翌宝暦四年春三月に至り、十市郡・式下郡・葛下郡の村々が次々と罷り下り、およそ人数二百人余りが江戸へ下った。右八ヶ村の稲は翌宝暦四年の春に刈り取った。前代未聞の大騒動であり江戸表で大変厳しい吟味のうえ、宝暦五年八月に罷り下った村々一同にもそれぞれお咎めがあり落着したが、当村では小左衛門が重追放、平兵衛・嘉兵衛・太兵衛・嘉平次は中追放、弥右衛門は八丈島へ遠島、善兵衛は三宅島へ遠島仰せ付けられた。小左衛門・弥右衛門・善兵衛は跡式《あとしき》（相続）の家屋敷・田畑共皆闕所《けっしょ》とされ、残り四人は田畑だけが闕所で、家・家財にはお構いがなかった。右の通り七人の衆中は至って難

善兵衛ハ三宅ヶ嶋江遠嶋被仰付候、小左衛門・弥右衛門・善兵衛者跡式家屋敷田畑共皆式闕所、残り四人者、田畑計闕所ニ而、家・家財ハ御構イ無御座候、右之通七人之衆中至而難渋村為ニ自分之身上ヲ潰シ、其身者遠嶋、追放等ニ罷成候ニ付、依其功ニ、申年九百七拾八石余之御取箇、酉年ハ五百石余ニ罷成、戌亥子三ヶ年者六百石余ニ相成、丑年ゟ七百石余、夫ゟ少々宛年々相増、当時ニ而者、八百拾、弐拾石之御取箇ニ候、然ル時者、右騒動ゟ前年と当時之御取箇と見比候得者、御取箇百四五拾石も下免ニ相成候事、全ク七人衆中之大功ニ候也、依之、右之恩徳ヲ報シ、且者至艱難被成下候儀ヲ、末代迄為不

渋され、村の為に自分の身上を潰され、その身は遠島、追放等になられたことにつき、その功により宝暦二年に九百七十八石余だった取箇が、宝暦三年には五百石余り、戊亥子（宝暦四・五・六年）の三年間は六百石余りとなり、丑年（宝暦七年）からは七百石余で、それ以後年々少しずつ増え、当時（文化三年）には八百十〜二十石の取箇となった。この騒動の前年と見比べれば、取箇が百四十五石も下免になっている事は全く七人の衆中の大功である。これにより右の恩徳に報い、かつその艱難となられた事を末代まで忘失致さぬため、去る天明四年、この位牌を村方から建立された。永代まで毎年四月八日に法事を執り行う事とした次第である。しかしこの位牌と法事だけでは、末代に至って、その由来を知る人もなくなり、この七人の衆中の大功も自然と薄くなっていくのは歎かわしい事である。よってこの濫觴のあらかたを書き残しておくものである。

致忘失、去ル天明四甲辰年、此位牌ヲ村
方ゟ建立有之、永代毎年四月八日法事
執行有之候儀ニ御座候、然ル処右位牌
法事而已ニ而者、末代ニ至り、右由来知
人無之相成候而者、右七人衆中之大功も
自然と薄く相成候事歎ケ敷、依之、荒々
右濫觴ヲ書残シ置候者也

于時文化三丙寅年三月吉辰

藤本重右衛門

記之

于時《ときに》文化三年（一八〇六）三月吉辰（吉日）

藤本重右衛門　之を記す

稲の刈り取り拒否と箱訴を行った年の年貢は、その前年の宝暦二年の九七八石余と較べて半減していることが分かります。彼らの主張は、吟味においては「百姓之心得違」として退けられましたが、結果的には百姓たちの窮状が認められたものと思われます。いずれにしても彼らの命をかけた行動が年貢の軽減に繋がりました。彼らは郷土の大功ある犠牲者として今も偲ばれているのです。

「位牌由来記」によると、年貢は処罰のあった年からわずか二年後の丑年、つまり宝暦七年（一七五七）からは七〇〇石余りに増徴されています。二割半の増高無地約三〇三石を差し引いた葛本村の本来の毛付高は、おおよそ一二〇〇石です。これに対して七〇〇石の年貢が賦課されると毛付免（年貢率）は六ツ三分六厘、約六割四分という高率になります。六公四民を超える年貢です。

また「当時ニ而者、八百拾、弐拾石之御取箇ニ候」とも記されています。「当時」とは「位牌由来記」が書かれた文化三年（一八〇六）のことで、その頃には八二〇石の七ツ四分五厘に相当する年貢がかかっていたことが分かります。騒動の起こった頃の収奪的な年貢から脱したとはいえ、百姓にとっては相変わらず厳しい年貢が続いていたことが窺えます。この厳しい年貢を、「右騒動ゟ《より》前年と当時之御取箇と見比《みくらべ》候得者《そうらえば》、御取箇（年貢）百四五拾石も下免ニ相成候」と述べていることが逆に健気で、余計哀れに感じられます。

ただ、大和では稲と麦の二毛作が普及していたほか、『和漢三才図会《わかんさんさいずえ》』（一七一二）に「蠶豆《そらまめ》畿内多種之、和州之産良」と記載され、また『綿圃要務《めんぽようむ》』（一八三三）には、「綿を作ることは大和国に始めて作り」とし、「一両年綿を作りたる跡へ稲をつくれバ、地気新にして、二年ばかりハ肥《こや》し多くいれずして、よく稲実《み》のるものなり」と稲作と綿作の田畑輪換農法の優位性が述べられているように、江戸時代、大和は農業の先進地でした。厳しい年貢ではあるものの、農業技術の進歩により生産力がかなり向上していたことも考慮しなければならないことを指摘しておきます。

彼らが江戸で吟味を受けていた宝暦四年（一七五四）には、美濃国の郡上藩領で有名な郡上一揆も起こっています。享保の改革時、勘定奉行の神尾春央《かんおはるひで》が年貢取り立てを強化するにあたり放言したとされる「胡麻の油と百姓は絞れば絞るほど出るものなり」は、農民の抵抗によって破綻したものと思われます。疾苦する農民たちの命がけの抵抗もあって、収奪的な年貢は比較的緩やかになったといえます。

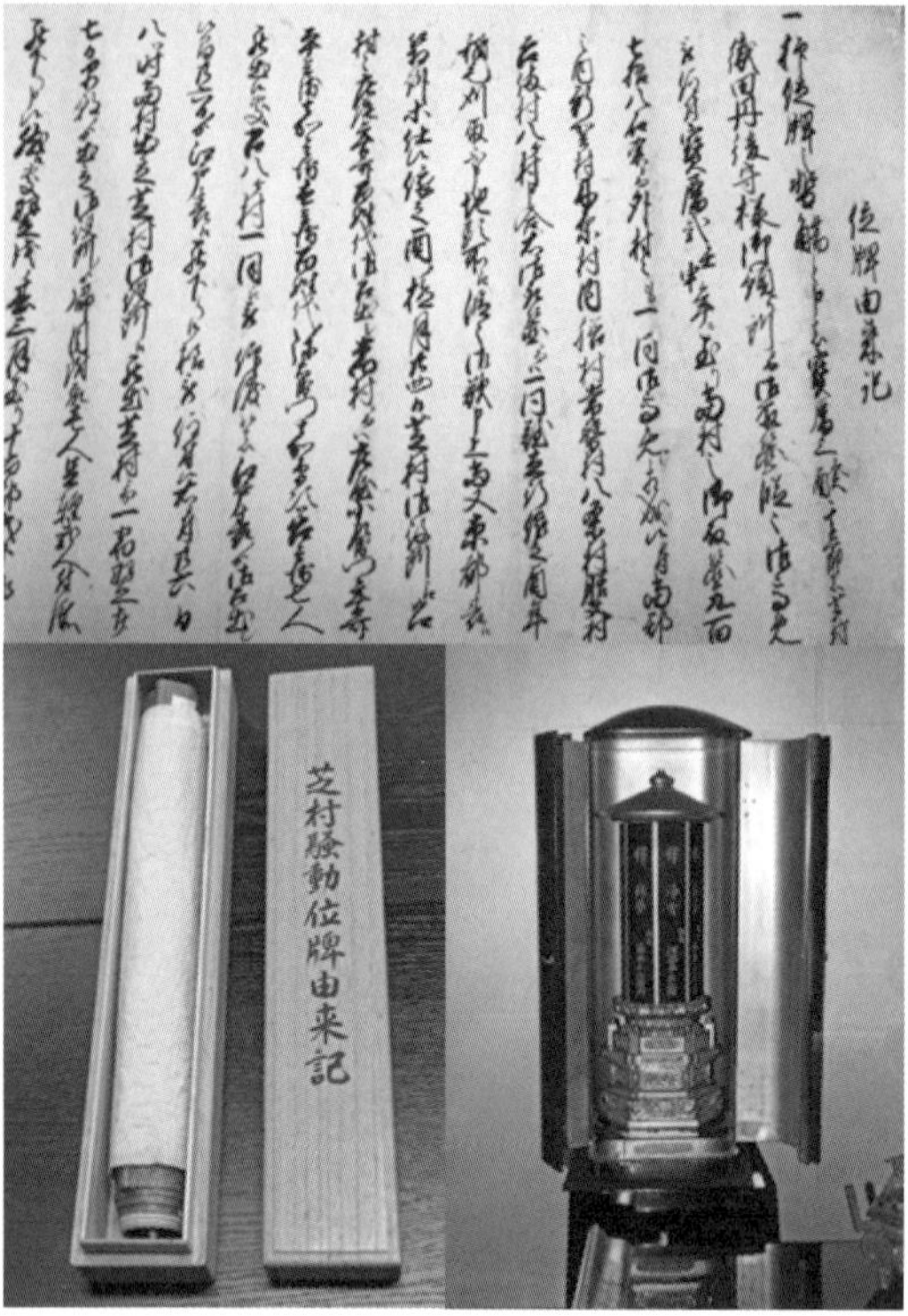

浄教寺にある７人の犠牲者の位牌と「位牌由来記」
（橿原市葛本町）

安永六年（一七七七）の幕府法令（『牧民金鑑』）に、「御取箇御収納方之儀、延享元子年（一七四四）・宝暦二申年（一七五二）者、御取箇も格別に相進ミ、其

後宝暦十辰年（一七六〇）より明和元申年（一七六四）迄者、凡中分之御取箇ニ相当り候之所、同六丑年（一七六九）以来多分御取箇相減候」とあるように、芝村騒動の頃を境に、大和の天領の年貢高は減少する傾向を示しています（谷山正道『近世民衆運動の展開』）。

一般的には享保～宝暦期は年貢増徴期、宝暦～幕末期は年貢収奪減退期として評価されていますから、こうした百姓たちの犠牲が実ったことは確かなことでしょう。いずれにしても彼らの義挙があればこその話です。ただ明和五年（一七六八）には、領内で年貢減免を求める強訴も起きていることから、預り地の村々において、相変わらず厳しい年貢が求められていたことも事実です。

騒動から四十年後、寛政六年（一七九四）には、芝村藩預り地（高市郡今井町・吉野郡下市村）における不正が発覚し、藩主長教ほか主要な役人らが幕府から処罰を受け、預り地も召し上げられています。こうして騒動に関係した村々は、ようやくのこと芝村藩から解放されたのです。

葛本村の弥右衛門、八丈島で病死

十市郡葛本村では、二名が遠島処分となっています。三宅島へ流された善兵衛と八丈島へ流された弥右衛門です。この弥右衛門の御子孫である秋山家に、家郷に送られてきた書状が五通残されています。

そのうち最初の書状には、「我等義も無事ニ而九月九日ニみやけ《（三宅島）》嶋へ着仕罷有《まかりあり》候間、乍《ながら》御慮外御心安思召可被下候《やすくおぼしめしくだされるべくそうろう》」（秋山家文書「弥右衛門自筆書状」『会報「いこま」第五号』所収。以下同じ）と、弥右衛門が無事に三宅島に着いたことが記されています。「三月ゟ《より》八丈嶋へ罷越《まかりこし》候」と翌年三月には八丈島に移送されることと、「壱年ニ壱度つゝ《づつ》之たより《（便り）》ニ御座候」と、一年に一度しか便りが許されないことが書かれています。「入用ニ御座候へハなん義《（難儀）》仕候」「金五両とねかい《（願い）》申候へとも、国本之木綿拾疋、米五俵、茶拾斤、御越可被下候」と、金子五両・木綿十疋・米五俵・茶十斤を島に送ってくれと依頼しています。また「ろうしよふしよ《（老少不定）》之義候ハヽ《そうらわば》、こくらく浄ど《（極楽浄土）》ニて御物がたり可仕候間手前事ハをあんし《（御案じ）》被下間敷候《くだされまじく》」と、家には戻れないが、年寄りが先に死ぬとも限らないし、死んでも極楽浄土に召されるので心配なされるな、と自らの覚悟と家族への配慮を伝えています。

その数年後の書状には「当嶋之儀以之外之困窮ニ御座候而、余程餓死人出来候体ニ而　歎敷《なげかわしくぞんじ》奉《たてまつり》存候」として、米及び麦各五俵のほか木綿・古着・味噌・醤油の送付を求めています。

その一方で、八丈島の流人・弥右衛門と三宅島の流人・善兵衛に対して、「嶋々江《へ》遠島被為仰付《おおせつけさせられ》、妻子・兄弟者《は》勿論親類之我々共迄寔《まこと》ニ奉恐入候而《て》相歎罷有候」「何卒《なにとぞ》広太《（広大）》之御慈悲を以、右両人之者共御赦免義被為仰出被下《おおせいだださせられくだされ》候ハヽ、寔《まことに》生々世々之御憐愍《れんびん》と妻子・兄弟之者共ハ不及申《もうすにおよばず》私共迄千万難有《ありがたく》奉存上候」（宝暦十年の御赦免願）などと、弥右衛門の弟の利助や弥右衛門と善兵衛双方の親戚の善六などから何回も赦免願が出されます。

しかしその願いも空しく、明和六年（一七六九）八月、「五月末より病気付被申候間（中略）医療等致し候へ共、養生不相叶《あいかなわず》、当七月十七日病死被致候《いたされそうろう》」と島の宿主から訃報が届きます。

宝暦五年（一七五五）に遠島処分となって以来、一四年の歳月が過ぎています。宝暦三年の箱訴からは十六年後のことでした。

八条村の孝子庄右衛門の物語

同じく遠島処分となった者の中に十市郡八条村（現田原本町千代八条）年寄の与十郎がいます。与十郎は伊豆の新島への島流しという厳しい仕置を受けます。遠島の場合、田畑や家屋敷は闕所とされ没収されますから、残された家族にも苦しい生活が待ち受けています。与十郎の場合、三十石の田畑は村が配慮し、落札したうえで与十郎の子庄右衛門に譲り渡されましたから、姉、弟三人、妹の兄弟五人の面倒をみながら何とか生活していました。その庄右衛門の親孝行物語を、「大和国十市郡八条村孝子庄右衛門父子乃記」（安永八年〈一七七九〉堤定賢著）を通じて紹介します。

大和国十市郡八条村孝子庄右衛門父子乃記

大和国十市郡八条村百姓与十郎何かしと云人あり、先年同郡百姓の中と申合

大和国十市郡八条村に百姓で与十郎という人がいた。先年、同郡の百姓たちと申し合わせ、幕府へ年貢の

せ御公儀様へ御取箇免訴の事強訴徒党の科をうけて、弐十有六年以前宝暦四甲戌年流罪の身と成、伊豆国新嶋と云所へ流さる、与十郎□（欠損）五十壱歳なり

かく流人と成て此嶋に年月［（欠損）］、此新嶋と申は幅壱里に長四里計りの［（欠損）］、□（嶋）の中程に家数凡三百六十軒余有と□□（いへ）とも、其余は山林と畑はかりにして田地なし、粟・黍・稗・蕎麦なとの類ひハ畑作いたし候へとも、米作は一粒可作田地なし、近来琉球芋を専ら作り習ひたるよし、御公儀様より毎歳二月に米六十三俵ツヽ、嶋人へ被下置、其嶋の人々夫々江配分頂戴仕るよし、然れとも流人へハ其割賦配分もな

減免を求めた件につき、徒党し強訴したとの科《とが》を受け、二十六年前の宝暦四年、流罪の身となり伊豆国の新島へ流された。与十郎は五十一歳だった。

このような流人となってこの島に年月［（欠損）］。この新島は幅一里、長さ四里程の［（欠損）］、島の中央に家が約三百六十軒余り有るが、それ以外は山林と畑ばかりで田はない。粟《あわ》・黍《きび》・稗《ひえ》・蕎麦《そば》などを畑作しているが、米一粒を作る田もなく、近頃はもっぱら琉球芋の作り方を習っている。幕府からは毎年二月に島人へ米六十三俵下され、島の人々にそれぞれ配分されるが、流人への配分はなく、流人たちは畑を耕し、また野草を採り、その他様々な事をするが、風が強く吹く年は畑の作物がすべて吹き飛ばされて何も実らず、飢饉のため飢えた年もあった。その時

く、流人共は畑を耕しあるひハ草ぎり其外さまく\の営ミをなすといへとも、風あらく立ツ年ハ畑作不残吹散て少しの物もミのらず、飢饉してうゑに及ふの年あるよし、其時は木の実をひろひ草の根を取り□（て）飢をしのくといへとも、終には餓死するよし、［（欠損）］嶋□（欠損）与十郎流され居て浮かんなんの辛苦［（欠損）］□（眼）病に取あい、程なく両眼ともにしいて□（盲）目と成、いよく\浅ましき有さま其あハれ成事いはん方なし、

爰にまた其二三年前東路のもの流罪にて此嶋に流され、彼与十郎と折々物語仕けるハ、我古郷にてはからすも同邑何かしの倅十三歳に成けるものを誤て

は木の実を拾い、草の根を取って飢えを凌いだが、ついに餓死する者も出た。新島に流された与十郎は艱難辛苦のため目の病に罹り、両目とも盲目となった。嘆かわしく哀れで口にすることもできない。

二、三年前、東国の者が流罪でこの島に流されて来て与十郎と語り合ったことは、「我は故郷で図らずも同じ村の某《なにがし》の倅《せがれ》で十三歳になった者を誤って鉄砲で打ち、命を失わさせてしまった。その科は逃れが

鉄砲にて打命を失ふ、其科のかれかたくかく流人と成て此嶋に流されしが、何とぞ天道の御たすけにて御赦免有ニたび本国に帰りなバ、彼少人の追善に西国三十三所順礼致し度と折々申ニ付、盲人与十郎申けるは、もしさやうの事有て大和路へ御出あらば十市郡八条村と申を□（欠損）尋下さるへし、我は和州十市郡八条村［（欠損）］与十郎と云しものなるが、聊子細有て□（欠損）嶋へ流され浮年月を送りからき命をな［（欠損）］へ居ける所に、近頃盲目となりてかく浅ましき身の果なり、我古郷八条村におゐて庄右衛門と申もの是我倅なり、百姓相続致し居けるや、妻子も堅固に暮し有之哉、かやうに盲目と成りて月日の光りもしら

たく、流人となってこの島に流されてきたが、何とか天のお助けで赦免となり、再び本国に帰ることができれば、その少年の追善のため西国三十三所を順礼したい」と折々申すので、盲人となった与十郎は「もしそのような事になって大和路へ赴かれるようなことがあれば、十市郡八条村をお尋ね下さい。我は和州十市郡八条村の与十郎という者であるが、いささか事情があって島へ流され、儚い年月を送り、辛《つら》い命を長らえていたが、近頃は盲目となり、このような惨めな身となり果てた。我が故郷の八条村で庄右衛門という我が倅が百姓を続けているのか、妻子もきちんと暮しているのか、このように盲目となって月や日の光も分からないが生き長らえている様子を伝えて欲しい」と語った。

ねとも、なからへ居るやう□(す)伝へ聞せて給ハれかしと語りけるか

程なく彼東路の流人御赦免有て召かへされしが、流人のうちに申せし通り、西国三十三所巡礼修行に出て大和路にめくり来り、十市郡八条村を尋ね、此邑に庄右衛門と云人ありやと尋けれバ、□(欠損)是ぞ庄右衛門なりと云、彼巡礼申けるは、今宵□(一)夜の宿を御かしあれと云、庄右衛門申けるハ、宿の「(欠損)」ば外を御頼あれと云、巡礼かさねて「(欠損)」るは、今宵一夜の宿を乞ふ事聊様子有「(欠損)」頼み申事也、我は遠州のものなるが、過し頃誤て少人を鉄砲にて打とめ命を失ふ、其科のかれかたく伊豆の新

程なくその東国の流人に赦免があり帰郷したが、流人の時に申した通り、西国三十三所巡礼の修行に出て大和路にやって来た。十市郡八条村を尋ね、「この村に庄右衛門という人がいるか」と尋ねると、「この人が庄右衛門だ」という。その巡礼が「今宵の宿を貸してくれ」と言うと、庄右衛門は「宿は他で頼んで下さい」と言うので、巡礼が重ねて「今宵一夜の宿を乞ふ事にいささか事情があるので頼んでいる」と申した。「我は遠州の者だが、前に誤って少年を鉄砲で打ち命を失わさせた。その科で伊豆の新島に流され、その島にいる時、そなたの父与十郎殿と語り合い、赦免されて本国に帰り、大和路へ赴くことがあれば、八条村の庄右衛門を尋ねて自分の

嶋に流され、彼嶋にあるうち其元の御父与十郎殿と物語り、御赦免有て本国に帰り自然大和路へ御出あらば八条村庄右衛門を尋て我ありさまを語り伝へて給ハれと、御頼の云伝ありと申けれハ、庄右衛門ハ飛立おもひ、まづ〳〵是へ御入下さるへしと彼巡礼を伴ひ入、それよりさま〳〵もてなし、夜もすから彼嶋のやうす父の身の上ねんころに尋問て、□(あ)くる夜の名ごり惜しくも巡礼はいとま乞して出にけり、

時に明和六己丑年庄右衛門年「(欠損)」六歳なり、彼巡礼の物語をつら〳〵□(思)ひめくらし、扨弟妹我身ともに五人兄弟なり、是等を残らず呼集め巡礼の物語の

有様《ありさま》を伝へてくれと頼まれていた」と言うと、庄右衛門は飛び立たんばかりの思いで「まずはこちらへお入り下さい」と巡礼を迎え入れた。それからいろいろもてなし、夜もすがら島の様子や父の身の上をしっかり尋ねたが、次の夜には名残《なごり》惜しいが巡礼は暇《いとま》乞いして出て行った。

時に明和六年、庄右衛門の年は□六歳であった。巡礼の物語をつらつらと思い巡らせたが、我が身は弟妹と共に五人兄弟である。彼らを残らず呼び集めて巡礼の話を語り聞かせて話し合い、何とかその島に

やうをかたり聞セ、談合して何とぞ我彼嶋に行て盲父につかゑ介抱をとけんものと思ひ立、それより御地頭織田君の御役所へ出て、右の次第逐一申述て、彼伊豆の嶋へ行流人盲父の介抱仕度と願ひけれハ、其旨つぶさに関東へ御窺ひ被下、彼嶋の御代官ハ江川太郎左衛門殿也、天下御勘定御奉行安藤弾正少弼様へ被仰上、御評定有て此義御免の趣にて、彼庄右衛門を御召下シなり、依之庄右衛門は所持の田畑家財諸式不残村の名主へたのみ、如何様とも宜敷御取計ひ御世話下さるへしと頼入、また妻子は「（欠損）」方へ遣し、我身すから一人に成て関東へ「（欠損）」、庄右衛門を安藤弾正様へ御呼出し有□（欠損）仰られける

行って盲目となった父を介抱できないものかと思い立った。それから地頭（領主）である織田君のお役所へ行き、右の次第を逐一申し述べ、伊豆の島へ行き、流人である盲父の介抱をしたいと願うと、その旨をもれなく関東へ窺《うかが》いを出された。島の代官は江川太郎左衛門殿で、天下の勘定奉行安藤弾正少弼《しょうひつ》様へ仰せ上げられ、御評定の後、この願いを許す趣旨で庄右衛門を召し下された。このため庄右衛門は、所持の田畑家財その他諸々を残らず「よろしく取り計らい、お世話下さい」と村の名主に頼んだ。また妻子は（実家に）に残し、身一人になって関東へ（出立した）。安藤弾正様は庄右衛門を呼出して、「汝《なんじ》、島へ行って父の介抱をしたいとは神妙な志である。しかし島へ行って何を以て介抱養育するのか」と仰せられたので、庄右衛門が「少しの金子がございます」と申すと、「いつまで介抱するのか」とお尋ね

ハ、なんぢ嶋へ行父の介抱致度と申条心（神）妙の志し成なり、しかし嶋へ参り何を以介抱養育可致哉と御尋あれハ、庄右衛門申上候ハ、少しの金子御座候と申けれハ、また重ねて仰にいつ迄介抱可仕哉と御尋ニ付、いつ迄と申限り御座なく存命有うちはいつ迄も介抱仕、飢につかれハ乞食仕候て成共介抱をとげたしと願ひけれハ、扨々奇特の事を申ものかなと有て、御上より壱両の金子を下され、依之御地頭織田君よりも同金子を被下、其外諸御役人様よりも少々ツヽ、金子并鳥目など下されける、庄右衛門は右の通り項戴して、千里の灘も只一足と飛立ことく難有さ天を「（欠損）」し地にひれふして悦ひけり、

になり、「いつまでも命ある限り介抱し、飢えれば乞食になってでも介抱を遂げたい」と願ったところ、「さてさて奇特な事を申す者だ」とお上より一両の金子を下され、このため領主の織田君も同額の金子《きんす》を下された。その他のお役人様からも少しずつ金子や鳥目《ちょうもく》（穴の開いた銭）などを下された。庄右衛門はこれらを頂戴し、千里の灘もただ一足に飛び立たんばかりのありがたさを天に（感謝）し、地にひれ伏して悦んだ。

かゝる折しも□（欠損）嶋へ□（欠損）便船あり、是を頼み打乗て漕行船の程もなく彼新嶋にぞ着にける、庄右衛門は船上りして嶋人を頼み、盲父に達て御まへにひさまつき、父上にてましますかや倅庄右衛門国もとより参んして候と申しけれ共、与十郎さら〳〵合点ゆかず、何とて倅庄右衛門此嶋へ参るものにあらずと、盲目のことなれハ目に見る事ハ叶ハず、ふしきの事を云ものかなとあれハ、庄右衛門はせきあげもミあげ、扨々浅ましき父の御有さまかなと涙にむせびながらさま〳〵事を分て申述、尚又彼巡礼の物語を具に申けれハ、然は其方手を出して我に見せよとて、庄右衛門が手を取て肌身迄なでつさすりつして「（欠

ちょうど島へ行く便があったので、頼み乗って漕ぎ行くと船は程なく新島に着いた。庄右衛門は船から上陸し、島人に頼んで盲父のもとに到達した。盲父の前で跪《ひざまづ》き、「父上でございますか、倅の庄右衛門が国元より参りました」と言っても、与十郎はさっぱり合点がゆかず、「倅の庄右衛門がこの島へ来るはずがない」と、盲目のことゆえ目で見る事もできず、「不思議な事を言う者だ」と言うので、庄右衛門はこみあげ、浅ましい父の様子に涙にむせび泣きながら説明した。巡礼の物語を具体的に言うと、「しからばその方の手を出して我に見せよ」と言うので、庄右衛門が手を取って体の肌を撫でたり、さすったりすると、「年月もはるかに過ぎたが、倅の年は……」と指折り数えながら様々な事を言う内に、さすがに恩愛が自然に出て、「さては我が子の庄右衛門か」と初めて対面した嬉しさで悦び、涙が溢れた。

損）」年月もはるか過けれハ、倅が年来は「（欠損）」び折かそへさま〱と申けるうち、さすが恩愛自然にて、さてハ我子の庄右衛門かと初て対面其嬉しさ悦ひ涙にあまりける、

それより親子一所に居て盲父の介抱をなすことさま〱の浮苦労、少いとまあれハ畑に出て耕し草ぎり、十年にあまる年月を送りけるが、かく孝心の至り天道に通しけん、安永七戊戌年に成て忝も御老中様御連印の御赦免状十月廿日に安藤弾正少弼様へ下り、夫ゟ御代官江川太郎左衛門様へいたり、右御本書は御とめ置れ、写書を以て同月廿八日新嶋へ申来る

それから親子が一緒にいて盲父の介抱を行う苦労あまたで、少しの暇があれば畑に出て耕し草を刈り、十年余りの年月を送ったところ、このような孝心の至りが天道に通じたのか、安永七年になって、忝《かたじけな》くも御老中様の御連印による御赦免状が十月二十日に安藤弾正少弼様のもとへ下り、それから御代官の江川太郎左衛門様へ至り、この御本書は留め置かれて、写しが同月二十八日に新島に到着した。

（中略）

（中略）

流人与十郎義御赦免有て召かゑさるゝ旨新嶋の名主ゟ与十郎へ申渡、尚又便船を待ずさし船にて与十郎父子罷出候やうとの御事也、其ありかたき事言語にも述かたし、かくて船出して七十余里の海上何のさハりなく無難に江戸着す、船宿のあるじ早速其旨を申あけけれハ、翌早朝与十郎父子を安藤様御館へ御召出あり、暫クこしかけにひかへ居候内両人のものへあま酒を被下候、御代官江川太郎左衛門様・御地頭織田の御役人も御出にて、此度御赦免の義仰渡され、御地頭御役人へハ与十郎父子のものを随分いたハり心を付候様可被致との御事也、さて安藤様御勝手へ

流人の与十郎に赦免があり、召し帰される旨が新島の名主から与十郎へ申し渡された。なお便船を待たずとも差し船で与十郎父子を出発させてやろうという次第である。そのありがたき事に言葉も出ず、こうして船出し、七十余里の海上も何の支障もなく難無く江戸に到着した。船宿の主が早速その旨を申し上げると、翌早朝、与十郎父子を安藤様の御館に召し出され、暫《しばら》く腰掛けに控えていた両人に甘酒が下された。代官の江川太郎左衛門様、藩主の織田のお役人もお出になり、この度の御赦免の義が仰せ渡され、藩のお役人へは「与十郎父子を随分と労《いたわ》り、心配り致されよ」と仰せ渡された次第である。さて安藤様の御勝手（台所）へ与十郎父子をお呼びになり、料理を振る舞われた。「与十郎父子は冥加（神仏のご加護）に叶う事で滅多にないことであるぞ」と暇《いとま》を

与十郎父子のものを御呼被成、□(欠損)度被仰付と有て御料理被下候、与十郎父子冥加に叶ひたる難有事共也、かくて御いとま被下、其ゟ御地頭の御屋敷にて暫逗留休足して、十二月二日江府を立て同十四日目出度本国古郷八条村に帰りけり

伝へ聞、もろこしに二十四孝あり、我朝にてもさま〳〵至孝の人ありといへとも、かゝる与十郎父子の如きなる孝子ハまたもくらべ見る人の有へきや、国の誉れ日の本のかゝみともこまもろこしへ伝へ聞とも類ひ稀なる孝子成へしと、感涙袖をしほらぬハなし、聞人是をうらやまぬもの

下された。それから藩主の御屋敷にて暫《しばら》く逗留《とうりゅう》休息し、十二月二日江戸を立って、同十四日めでたく本国の故郷八条村に帰った。

伝へ聞くところによると、中国に二十四の孝がある。我朝にも様々な至孝の人があるといえども、このような与十郎父子のような孝子と較べられる人はいただろうか。国の誉れ日の本の鏡として、高麗や中国へも伝聞される類い稀な孝子であると感涙し、(濡れた)袖を絞らぬ者はいない。これを聞いた人で、そうなりたいと思わない者はいない(と思い)、筆をとった次第である。あなかしこ(恐

ハあらしと筆をとむるもの也、穴かしこ

于時安永八己亥年二月

与十郎　当亥七十六歳

庄右衛門　当亥四十六歳

此一書は、亥二月十七日予八条村へ行、与十郎盲人に逢、盲人口つからの物語をあらまし書記するもの也

れ多いことだ）

時に安永八年二月

与十郎　七十六歳

庄右衛門　四十六歳

此一書は、亥（安永八年）二月十七日自分が八条村へ行き、盲人となった与十郎に逢い、盲人の口から出た物語のあらましを書記したものである。

（谷山正道「芝村騒動と『八条ものがたり』」『ビブリア』平成11年10月第112号所収。訳文は筆者）

八条村の与十郎が、芝村騒動の科《とが》を受け、新島への島流しが決定されたのが宝暦五年（一七五五）八月七日のことで、その罪が赦されて故郷の八条村に帰ることができたのが、安永七年（一七七八）十二月十四日のことですから、二三年もの年月が経過しています。そのとき与十郎は流人としての過酷な生活により盲目となっており、七六歳という高齢になっていました。

堤定賢がこの「大和国十市郡八条村孝子庄右衛門父子乃記」を著したのが、与十郎が故郷の八条村に戻った翌年の安永八年のことであり、しかも末尾に「此一書は、亥二月十七日予八条村へ行、与十郎盲人に逢、盲人口つからの物語をあらまし書記するもの也」と記されています。与十郎帰着後わずか二カ月後に直接彼自身から聞き取った内容を書きとめたものですから、ここに書かれていることは、ほぼ真実であると考えられます。

「孝子庄右衛門誕生地」碑
春日神社（磯城郡田原本町大字千代八条）の脇にある。庄右衛門の子孫にあたる山口隆氏に案内していただいた。

天明元年（一七八一）に柳本藩士佐々木善行が著した「孝子庄右衛門行状聞書」には、庄右衛門の妻や兄弟が、自分たちが犠牲になっても父与十郎のいる新島に庄右衛門を送り出そうとする健気な逸話が記されています。感銘を受ける話であるので紹介します。

田畑三十石余八条村へ預《あずか》り、并《ならび》に居宅ハ立つめ置《おき》、村中より心添え仕《つかまつ》り候

庄右衛門妻わさ　廿七《にじゅう》　此両人親里へ預り申候

末子藤吉《とうきち》　二才

同　惣領太吉　八才　庄右衛門姉《あね》さまへ預り申候

同　二男豊三郎五才　庄右衛門弟清右衛門方へ預り申候

同　弟平兵衛　右両人ハ大坂へ奉公に出、

妹つい　給銀先がり致し、兄が路用の手当に御座候

（中略）平兵衛ハ若年なれど、兄に代り嶋へ下り度《たき》よしを申す、ついハ縁付致させ申べき段相すゝめ候へども、親兄の難渋の中に候へば、奉公を致し給銀を申うけ、兄の助けにいたし申べきよしを申、縁付いたさず候（中略）感心のあまりこゝに記《しる》す

芝村騒動は藩や幕府による理不尽で苛酷な年貢収奪に対する百姓たちの抵抗でした。与十郎など騒動の犠牲となった者に皆恩義を抱き、同情していましたから、離島の新島で艱難辛苦の挙げ句、年老いたうえに盲目となった父の介抱のために家財や田地を処分して島に渡った庄右衛門の親孝行

物語は、当時、多くの人の共感を呼び、書物となって出版されていきました。その結果、明治十三年には『日本教育文庫　孝義編』に取り上げられ、道徳教育の素材ともなったのです。

『磐余《いわれ》の里』という桜井の地元誌の平成五年九月十五日号に「供養碑」と題して、与十郎・庄右衛門父子のご子孫と思われる方のエピソードが載せられているので紹介します。

裏のお寺に、文字が読めないほど古い石碑が幾つか立っている。その中に、宝暦年間、今から二百五十年ほど前、宝暦騒動の時、江戸の獄死した三人の義民の碑がある。毎年、九月十五日に、村の人たちで、義民を偲び、慰霊の供養が行われている。「ちょっと来て下さい。石碑を見に来ている人がいるのです」

お寺の掃除に集まって来た近所のおばあちゃんが、私を呼びに来た。（中略）私は直感した。この人は義民の碑について関心を持っている人だ。しかし、この人は言葉が不自由らしい。（中略）碑にすがるようにして文字を探している（中略）。出してくれた名刺を見ると、あまり遠くない村の山口という人で、職業は大工さんである。山口さんは「自分の先祖の与十郎というお爺さんも、その義民の一人でした」と書いて私に見せた。（中略）筆談によってわかったことは、山口さんの先祖、与十郎さんは、遠島四人の一人で、三郎助という人と二人で新島に送られた。罪

映画『麦秋』のラストシーンに映る耳成山と麓の旧木原村
（昭和２５～２６年頃の風景）

が確定すると、山口さんの家は、田畑、家屋敷道具類を取り上げられたそうである。（中略）義民の供養碑は、久しぶりに、義民のドラマをきいたことだろう。

ここで紹介されているのは桜井市吉備の薬師寺境内にある供養碑（本書79頁参照）です。二百六十年以上も前に起こった悲劇・芝村騒動の犠牲者の家系においては、ご先祖の偉業を誇りとしつつも、その痛ましい記憶を忘れることなく語り継いでおられることを思い知らされた記事です。

小津安二郎監督の名作『麦秋』のラストでは、麦畑の中を花嫁の行列が通り過ぎていくというシーンが映し出されます。花嫁が向かう先には三輪山があり、皮肉にもその麓には芝村藩庁がありました。そんなことは意に介せず、次のシーンでも豊かに実った麦畑が展開されます。背後に耳成山が横たわり、麓に大和棟の農村がたたずむ風景は、かつて芝村騒動の舞台となった村の一つ、木原村ではないかと思われます。『麦秋』に映し出されたのどかな農村の風景からは想像もできないような苦難に満ちた歴史があったことを、本書を通じて少しでも思い起こしていただければと思います。

むすびに当たって、数多くの資料を提供され、貴重な時間を割いてご指導くださった谷山正道（天理大学教授）先生に心よりお礼申し上げます。特に私の粗雑な読み下し文に丁寧に手を入れてくださったこと、感謝に耐えません。先生のご厚情なかりせばと思うと赤面の至りです。改めて深く謝意を表します。

吉野の百姓一揆

龍門騒動

上田　龍司

近年「龍門騒動てまり歌」が、テレビ・ラジオ等に取り上げられて、それに興味を持つ人が急に増えました。百六十年前に起きた、山の中の村での百姓一揆《ひゃくしょういっき》が、少し誇張した言い方をすれば、徳川幕府を揺さぶり、明治維新、新生日本の夜明けの原因の一つになったとも言えそうです。

私はかつて村の生字引といわれた郷土史家、龍門文化保存会の会長さんや同志の方々から、この騒動の詳しい経過を書き残すようにすすめられました。しかし、それには既に奈良教育大学の木村（博一）先生の論文があるし、余りにいたましいこうした事件には、私の気持ちが進みませんでした。一方、騒動関係者の追悼会《ついとうえ》を企画しましたが、一般の賛同を得るに至らず、折りに触れ、私たちは、その旧跡に慰霊の祈りをささげてまいりました。

先日、私はたまたま、有名な佐倉騒動（千葉県）の現地を訪ねました。この地の庄屋宗五郎は、広いだけで収穫の少ない土地・重い上納《じょうのう》（税金）、百姓の窮状をみかねて、領主に年貢《ねんぐ》（税金）の引き下げを願い出たが、なかなか聞いてくれないので、御公儀《ごこうぎ》（徳川家光将軍）に直訴《じきそ》したのです。当時、領主を飛び越して、いわゆる越訴《おっそ》をしたのですから、それは極刑《きょくけい》が規則です。幼ない子供も含めて宗五郎の一家は、世にもむざんな仕置《しお》きを受けたのですが、おかげで村人たちには年貢の減免がありました。その墓前には、三百二十年たった今日でも、命を捨てて村人を救った恩人として、香煙がたなびき、参拝する人が絶えません。時の領主が宗五郎のたたりを恐れ、神として祭った『宗吾霊堂《そうごれいどう》』は成田不動尊同様、今でも全国的に農民の信仰を集めています。昔、中国で「悪い政治は虎より恐ろしい」と言った人がいました。佐倉でも龍門でも、よい政治が行われていたら、こんな騒動は起こらなかったでしょう。

そこで私は、七十年も昔に私の祖父から聞いた「龍門騒動手まり歌」、そして、その騒動を見たという祖父の祖母からの聞き伝えと、数少ない古文書によって当時の世相を学童の皆さんにもわかってもらえるよう、書いてみることにしました。

悪夢の一夜

文政元年（一八一八）十二月十五日（これは旧暦ですから今の太陽暦になおすと一月）。満月ですが雨もようの真っ暗な晩でした。天領の山口村では夜業《よなべ》もすんで、戸締まりの時分に、山口神社の宮寺の鐘がコーンコーンと鳴り出しました。早鐘だ、火事はどこだ！　と皆とび出してみたがそれらしい様子はありません。

まもなく、平尾の街道筋でざわめきが起こります。時がたつにつれて私領の平尾代官所のあたりが、だんだん騒がしくなり、何か異様なふんいきが伝わってきます。村人たちは、不安にかられながらじっと耳をすませます。

ふと黒い雲の切れ目から、満月がちらっと姿を見せたとたん、代官所の高い屋根にまたがって、つき上げさし上げ、なげつけられる竹・木・薪《まき》の類を必死に切りまくり、何か大声で叫んでいる浜島代官の姿があったのです。

やがてまもなく月はかくれ、そのあと騒ぎが夜通し続いており、地元の家ではまんじりともせず一夜を明かしました。

夜が明けて、飛びかう情報に皆心臓がとまる程びっくりしました。昨日まで「泣く子も泣きやむ」といわれた代官さまが、領内の百姓に襲われ、殺されたというのです。

前日の昼、中坊《なかのぼう》氏の支配地平尾代官所の浜島代官から、矢治《やじ》・小名《こな》・柳《やなぎ》・香束《こうそく》・平尾・峯寺・西谷・志賀・滝畑《たきはた》・立野《たちの》（現吉野町）・西増《にしまし》・比曽《ひそ》・持尾《もちお》・岩壺《いわつぼ》・矢走《やばせ》（現大淀町）の十五か村の庄屋が呼び出しを受けました。

その前夜、各村の庄屋の門口に「今夜七時、十六歳より六十歳までの男子、上は山口神社前、下は平尾観音堂下に集まれ」との張り札をした者がいました。代官は、百姓に不穏な動きがあると察し、庄屋を集め酒食を振る舞って、百姓をなだめるよう申し付けました。ところが、集まった庄屋は、かねて何度も願い出ている年貢減免についての色よい返事をきけるものと期待しました。一方百姓たちも、自分たちだけでもお願いしようと思っていた矢先、庄屋が呼び出されているのだから、又とない機会だ、一しょにお願いしようという事だったのでしょうか。

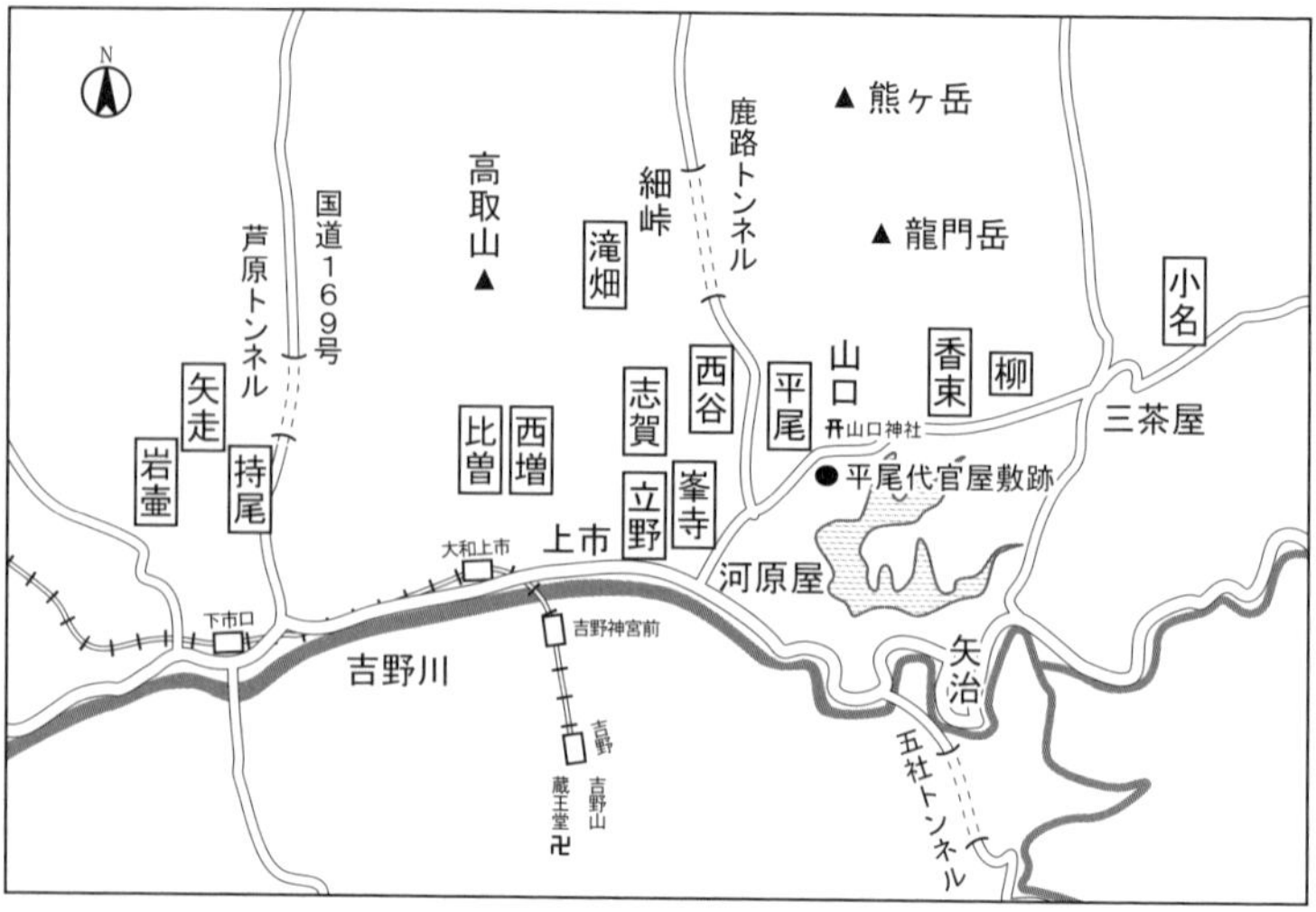

龍門騒動参加村（カコミのある村が参加村）

みの笠《かさ》姿に竹槍《たけやり》を持って集まった六百の百姓。「烏合《うごう》の衆に何が出来よう」と泰然とうそぶいていた代官も、役所内になだれ込んで来た大衆の殺気だった勢いに、酒席をたって上便所に隠れました。これを追って先頭にたった若者を代官はけさ切りにします。ぜいたくな酒宴を見て既に腹立たしく思っていた人たちは、血を見て完全に良識を失います。

血刀《ちがたな》をさげた代官は、飛鳥の早業《わざ》で屋上にとび上がります。「者ども静まれ、静まれ。子細《しさい》申せ。何事も聞いてつかわすぞ」と声を限りに何度もくり返し叫ぶ声が、天領の山口村まで聞こえたといいます。

しかし、「遅いわ」「おのれらはぜいたくばかり、小前百姓の苦しみ知っとるか」「おのれ生かしといたら百姓総つぶれや」と、激昂した今夜の百姓は年来のうっぷんばらし。平生とは人が変わったように口ぎたなくののしります。

防戦これつとめた武芸の達人浜島代官も、とうとう力つき屋根からまくれ落ち、からさおがちにあい、すっかり息が絶えたのは十二時過ぎでした。

平素はおとなしい、素直な人たちも群衆の熱気にきょう漢暴徒となり、代官所の器物を手当たり次第こわし、池田の酒倉に集まって大桶《おけ》の鏡（酒桶のふた）をたたき割ってふんだんに飲み、喚声をあげました。そのあと私領の大庄屋・地役人等の家へもあばれこみます。

誰言うとなく「矢治が来ていない。裏切り者め！」酒気にまかせ問責に行った人々は、矢治峠で大降りにあって中止しました。そのうち夜が明けるし、酒の酔いもさめてきたので、それぞれふらふらになって家に帰りました。

さて、予想もせぬ大嵐に襲われ、前代未聞の悲劇の起きた平尾代官所では、騒ぎの最中、いち早く逃げて無事だった下役人から、奈良御番所（町奉行）に届け出ます。折り返し検死の役人が早馬《はやうま》で出張して来ましたが、代官の遺骸は見る影もない血みどろな一つの肉塊《かい》になっていたといいます。

三日たった十八日、奈良番所から与力《よりき》・同心《どうしん》・長吏《ちょうり》・下役人等の捕手《とりて》（今の警察官）約三百人が平尾村に到着します。一方私領の村人たちは仕事も手につかず、息をつめてなりゆきを見守っていますが、生きた心地もなく火の消えたような静けさです。

役人は、先ず各村の庄屋を呼び出し、騒動に加わった百姓を連れてくるよう申し渡します。最初は、「暗い晩だったから、誰が行ったのか覚えていません」と言い合わせていましたが、役人のきつい命令で、約三百人が平尾の酒屋の洗い場の周辺に集められました。

「一同奈良送り」を申し渡され、皆震えてものも言えず、涙こぼさぬ人は無かったといいます。役人は二人ずつ腰縄《こしなわ》でしばり、じゅずつなぎという形で、二人に一人の役人が付くのです。平尾から上市へ、そして、千股《ちまた》・妹峠《いもとうげ》・岡・桜井・三輪・奈良という十里余り（一里は約四キロメートル）のコースです。折から師走の寒空に着の身着のまま、病人も足の悪い人も容赦なく連れて行かれるのです。送られる人とこれを見送る老人・女・子供、その胸中何ともやり切れなかったことでしょう。

庄屋など村役人は、皆を奈良の牢屋《ろうや》まで送り届けて、皆の持ち物を集めて人夫にかつがせて帰るのです。庄屋は、この騒動に参加していないので入牢はしないが、村の後始末が大変です。どの村でも集会所に皆を集めて、持ち帰っためしごうり（弁当箱）・つなぬき（猪《いのしし》の皮で作った百姓の防寒靴で、昭和の初め頃まで使っていた）等を、それぞれの家族に返します。

家族の人たちはただ泣くばかり、「早う帰してもろてよ」「いつ帰るやろ」と口々に言われても、庄屋さんも何とも返事のしようが無いのです。「おかみの事はしもじもにはさっぱりわからんよ」「でも調べがすんだらじき帰してくれはるかもしれんよ」と慰めてはみても、行く末を考えたら全く暗い気持ちです。

折から年の暮れ、今と違って半年または一年の借金払いをする大節季《せっき》を十日後に控え、働き手を取られた村は、まことにあわれな状態です。お寺で総集会が続きます。とりあえず正月の餅は神仏へのお供えだけ、いろいろの行事は質素にするか取りやめる。働き手のない家へは五人組の中から手伝いあう。一村が一戸のつもりで助け合うということを決めます。節季の越せない家には、人にわからぬようにお金や品物で協力する人もありました。

文政二年（一八一九）の初め、奈良奉行が江戸に帰任して空席となったので、二月、庄屋を呼び出して、入牢中の全員が村預《むらあず》けの形で帰されます。ある村からこの釈放期間中に役所へ出された嘆願書（写）には「無理無法な取り立てをなさるから、こんな騒動が起きました。それはおかみでもご理解下さったことと思います。しかし、二度とこんな騒動は起こしませんからお許し下さい」と書かれており、村人も一応これで解決したものとほっとしていたようです。

その頃の村のしくみ　天領と私領

村は殿さま（代官さま）の支配下です。それらはおかみといって絶大な権力者、百姓・町人等はしもじも、虫けら同様の扱いです。お殿さまのお通りには土下座《どげざ》して、目を開けていたら目がつぶれると言われ、立っていたり道を横切ったりすると、すぐ無礼者《ぶれいもの》と切り捨てられ、それでも泣き寝いりです。領主や代官いわゆるおかみのことをうわさしていて、それが漏れると罰を受けました。「壁に耳あり」ということわざがあり、誰がいつ、どこで聞いているか知れないからと、人々は小声でひそひそ話をするようしつけられました。そんな時代に六百の百姓が強訴《ごうそ》を行い、はじめからの計画であったか、なかったか、勢いのおもむくところ、他にはほとんど例をみない代官を殺すという大騒動がなぜ起きたのでしょうか。その背景を詳しく調べてみましょう。

私たちの祖先は、いつの頃かこの龍門渓谷《けいこく》に住みつきました。野山で鳥や獣を、小川では魚を取り、木の実や山菜を食用として暮らしてきました。日本に稲が入って来、それが作られるようになったのは、二千年くらい前だといわれますが、その頃から谷を埋め山を拓いて水田や畑が出来たのでしょう。

村人が増え集落が出来ると、支配者が現れます。文献である程度判明し推察できる範囲では、千年余り前、興福寺と龍門寺の荘園《しょうえん》、そして吉野朝廷、龍門大宮の社領、一色《いっしき》氏、多武峰、太閤《たいこう》秀吉と時代が移り変わるごと、土地支配する主権者もかわっていきます。荘園時代から百姓の納める小作料（税金）は、収量の半分くらいのようですが、収量は少ないし、二反《たん》（一反は約九九二平方メートル・一〇アール）か三反の耕作で、百姓の生活はとてもみじめだったのです。

さて、徳川家康が関が原の戦いに勝って天下を統一し、すべての土地を、幕府が直接統治する天領《てんりょう》と、大名や旗本に与えて治めさせる私領《しりょう》とに分けました。龍門騒動が起きたのは私領、中坊《なかのぼう》という旗本の支配地です。

中坊の先祖秀祐は、大阪冬の陣の功により、徳川幕府から初代奈良奉行に任じられ、吉野郡の龍門・池田・北の庄の三郷の中の十五か村（現在の吉野・大淀町の一部。村は今の大字）三千五百石（米の生産高。一石は約一八〇リットル）の領地を与えられました。

彼が後に江戸に移ってからも、この地方の領地はそのままで維持され、はじめは西谷に、後には平尾に出先の役人（代官）を置いて治めました。平尾代官所は、平尾の幸神社（俗にさいのかみ）の裏の畑になっているところで、小さいお城構え、立派な門と罪人をさばく白州、向こうの山際には牢屋があったといいます（代官所跡と誤伝される山際の石垣のある屋敷は、平尾の旧家池田氏のものです）。

平尾代官は、江戸の中坊屋敷から出向して

平尾代官所跡。浜島代官が襲われた、龍門騒動の舞台

くる優秀な役人で、その支配地十五か村では、お殿さまと同じ権力者なのです。最大の仕事は、村々の大庄屋・庄屋を通じて、それぞれの生産高に応じて年貢を割り当て、年末に徴収することです。普通、約一割が米納、残りが金納となっており、まとめて江戸へ送るのです。盗み・けんか・ばくち、その外いろいろなもめごとは、すべて代官がさばきます。

悪い事をすると牢に入れられるが、軽い罪人にはしりたたきという刑が行われます。それは冬の特に寒い日を選んで、道の辻で裸で四つんばいにして、竹のむちで尻《しり》をたたくのです。村人は、それを遠巻きにしてみているのですが、気の弱い人は、家に帰って熱を出して寝こむといわれるほどきびしいものでした。罪の軽重によってたたく回数が違い、賄賂《わいろ》を贈っておくと、えいっえいっと掛け声だけいかめしいが、打ち方が軽く、数も少なくしてくれるという話も伝わっています。

龍門騒動当時の平尾代官は、浜島清兵衛という中年の武士、江戸に妻子を残して単身赴任《たんしんふにん》です。（なお、吉野郡は天領が多く、龍門郷でも山口・佐々羅《ささら》・河原屋《かわらや》・西千股《ちまた》・津風呂《つぶろ》・三津《みづ》・色生《いろ》・北大野＝三茶屋《みつちゃや》等は天領で、寛政年代〈一七八九〜〉五條代官所が新設されてから、その支配を受けるようになります）

さて、中坊氏の領地三千五百石というのは、村の田畑一枚ずつの生産高（米に換算）を調べ、それをまとめた総計です。文禄四年（一五九五）、豊臣秀吉によって、この地方最初の検地が行われます。その当時は、生産高の半分くらいを年貢として上納したようですが、年ごとに物価が上がり、領主の経費が増えると、それをまかなう税金を少しでも多く取ることになります。つまり、増税が領主の一方的な考えで行われるのです。天領の山口村でも生産高の六〇から七〇％、まれに九五％という法外な年もあったのだから、小さな領主が治める村ではかなりきつかったことでしょう。

中坊氏は、江戸に移ってから下野《しもつけ》国で五百石加増され、こちらと合わせて四千石。仮に二千五百石を徴収するとして一億二、三千万円。江戸で旗本としての体面を保つための交際費や使用人の費用、平尾等の代官所の経費など見当がつきませんが、他の旗本と比べて特別にやりにくい状態でもなかったでしょうか。

その頃の村の人々の暮らし

それに引きかえ、天領・私領・寺社領各々支配者は違っても、ほとんどが貧しい百姓だけで構成されている村の生活は、とてもきびしいものでした。

当時、百姓は「知らしむべからず、よらしむべし」の方針によって、無学文盲《むがくもんもう》、「生かさず殺さず」、夜を日についで身を粉にして働き続け、年貢の上納を果たすのが天賦《てんぷ》と決められていました。上納は、耕地一枚一枚に米で決められ、その総計が村の庄屋に割り当てられ、年末には村中まとめて納めることになっています。

米の外には、麦・菜種《なたね》・大豆《だいず》・小豆《あずき》・文豆《ぶんとう》・菜豆《いんげん》・豌豆《えんどう》・蚕豆《そらまめ》・粟《あわ》・黍《きび》・里芋《さといも》・蒟蒻芋《こんにゃくいも》・甘藷《かんしょ》・馬鈴薯《ばれいしょ》等を作ります。茶・楮《こうぞ》、畑の周囲にある榧《かや》や柿《かき》にも税金がかかります。山あいの谷間に畦をつけたら稲をどこへ植えたかと思うくらいの、小さい田の跡が残っています。これはかくし田と呼ばれ、上納の対象にならないものです。

さて、それらの肥料は、下肥《しもごえ》と草肥《くさごえ》、そしてかまどの下の灰だけです。下肥《しもごえ》は人糞尿《じんぷんにょう》のことですが、風呂の水、炊事の洗い水まで全部集めて使います。草肥は共有の草刈場で、年々一定の日に山開きという解禁日があり、それ以後秋まで次々と出てくる新芽を刈って堆肥にするか、そのまま田畑に入れます。酒粕《かす》から焼酎《しょうちゅう》を造ったしぼり粕のひかす、菜種から油をしぼった油粕、棉実油粕《わたまこあぶらかす》等もぼつぼつ出回ってはいましたが、値が高くて一般の百姓には買えません。

山奥に造られていたかくし田の跡（吉野町山口）

農機具は、鍬《くわ》・鋤《すき》・鎌《かま》が主なもので、牛は村でわずかしかいないから、備中鍬《びっちゅうぐわ》ですべてまかない、それを三本足の牛などと呼びました。朝早くから夜暗くなるまで、腰の痛いのをがまんして田畑を打ち起こしても、一日五畝《せ》（五アール）も出来ません。あぜつけ・地均《なら》し、すべて鍬だけの作業です。

病虫害には全くお手あげ、予防も駆除《くじょ》もすべて原始的です。稲の稲熱病《いもち》は水のかけ流し、うんかは「送った送った、サハイ虫送った。高野の山へ送った」と大声で叫びながら、夏の夜、火のついたたいまつを振りかざして畦道を歩く虫送りです。（この頃から、水面に菜種油を入れて日中うんかを掃き落とす注油駆除が行われだし、かなり効果をあげるようになりました）

その効果がそんなにあるはずなく、収穫皆無に近い年もあり、飢饉《ききん》が時折やってきます。日照りが続けば雨乞《あまご》い、二百十日前には台風よけの風日待《かぜひまち》、すべてが神頼みです。収穫の秋になると昼はすずめ・はと、夜はいのしし追いで休まるひまがありません。

取り入れがすむと、男は炭焼き、割木《わるき》や柴《しば》を作って近くの町へ肩に担《にな》って売りに出ます。そのお金で米・しょうゆ等の生活必需品を買って帰ります。女は、糸繰《く》り・機織《はたお》り・縄《なわ》ない・莚織《むしろお》り・わらじ、ぞうり作り等（炊事・洗濯等家事を手ばやく片付けて）に夜遅くまで（松の根を燃やすか、あんどんの薄暗い燈をたよりに）精を出します。

寺子屋で読み書きや、そろばんを習える子供はごくわずかで、小さい頃から親の仕事を手伝い、冬になるとその可愛い手は、ひび、あかぎれでいたいたしいものでした。八・九歳になれば口べらし、つまり十分でない食糧を減らさぬために子守奉公《こもりぼうこう》にやられます。大体おめし給銀といって、食べさせてくれるだけです。

その頃、働き盛りの男の一日の労銀は、米一升が上の部、仕事の無い時には、たった五合くらいだったといいます。これでは働く本人でさえ不十分なのに、大勢の家族を養えるはずがありません。

その頃水田一反歩（約十アール）の収量は一石五斗前後で、七・八斗のところもありました。上納米は特別に選別されるので、あとに残る悪い下米が年中の食糧ですが、大ていの家では夏頃には無くなり、それからは米買いをせねばなりません。米を作りながら米の飯が食べられる日は正月・盆《ぼん》・やぶ入り・祭《まつり》くらい。それも夕飯一回限りです。雑炊《ぞうすい》やおかゆが常食。毎日一度は麦飯を食いたいというのが村人の願いでしたが、それがなかなかかなえられず、農繁期には、おかゆを四、五回食べても空腹で困ったといいます。

副食物もまた漬物《つけもの》か芋《いも》等の煮たものが主で、塩干《えんかん》の魚は、月に一回くらい行商人が売りにくる程度。上市《かみいち》には魚屋も有りましたが、にしん・いわし・雑魚《ざこ》があるくらいです。一年に一度、十二月の山口神社の祭りには、平尾の扇屋《おおぎや》（編注：旅館）の前の道端でにぎやかな魚市がたちます。

この周辺の村人は、乏しい財布をはたいて竹籠にさば・たこ・えい・さんま等をいっぱい買って帰り、家内中舌鼓《したつづみ》をうつのが最高の楽しみでした。

その頃の農耕技術は極めて幼稚ですから、気候が不順だとすぐ収穫にひびき、恐ろしい飢饉《ききん》がやっ

上市の町並み。中世以来、市場町として栄えた。

てきます。東北地方では飢饉年に一村全部が飢え死にした悲しい話が伝わっていますが、この地方でも、決して安心できる状態ではなかったのです。

　騒動のすぐあとの天保時代に、五條代官が、飢饉の切り抜け策として『救飢食秘法《きゅうきしょくひほう》』というおふれ書を、村々の庄屋に配っています。松の皮の粉や稲藁《いなわら》の粉の餅や雑炊《ぞうすい》・赤土《あかつち》の粉のおかゆ等の作り方で、身の毛のよだつ思いがします。

　あちこちに行路病者の塚が残っていますが、村では幸い餓死者《がししゃ》を出すまでには至らず、その原因を調べてみますと、ありがたいことに山菜が沢山あり、それに助けてもらったようです。よもぎ・わらび・ぜんまい・たらの芽・ふき・うど・萱草《かんぞう》・すかんぼ（いたどり）・みつば・せり等の葉、山ゆり・じねんじょ等の根、でんぷんのとれるわらび・くず等の根、かし・しい・くり・かや等の実。特にかやは一本で四、五石もとれるのがあったと、書物に書かれています。海産物が手に入らぬかわりに、川でははや（はい）・うなぎ・どじょう、池ではこい・ふな、溝《みぞ》ではしじみ、泥田ではたにし等々をとり、大切に利用しました。今のように牛馬の肉は無かったが、たまに、いのしし・うさぎが手に入ることもありました。むしたとうもろこしの実や、えんどう・そらまめの炒《い》ったのや、渋がきのむいた皮を干したの等までが、子供のおやつになりました。夏は、きゅうりに塩をつけてかじったといいます。

粗食の上にきびしい労働、薄暗い家屋では十分な健康が保てるはずがありません。医療制度も整っておらず、病気になるととりくさといって、野生薬草を煎《せん》じて服用するくらい。よい眼鏡は無し、歯は抜け放題、四十ぐれといって四十歳でぼつぼつ老衰が始まり、五十、六十で腰が曲がり、現在のように七十、八十という長寿を保つ人はほどんどいませんでした。

その頃、「お伊勢七度《たび》、熊野へ三度、愛宕《あたご》様へは月参り」という歌がありました。街道筋には馬や駕《かご》もありましたが、村の人々の旅はただ歩くしか方法が無いのです。従って、宿銭だけですむのですが、余暇と金の無い人々はどこへも行けず、精々吉野参り、長谷《はせ》参りくらいです。奈良・京都、とりわけ皆の願望である伊勢参りには、出発前に銭別《せんべつ》をもらって見送られ、帰る日には村はずれまで大勢で迎えに来てくれるのです。女子の場合、高見峠のふもとまで牛をつれて迎えに行った人もありました。今なら日帰りで楽に行ける伊勢参宮も六日から七日かかり、あと二、三日は、旅の疲れで動けなかったといいますから、旅もたいへんだったことでしょう。

　一方、紀州（和歌山）から大和を経て伊勢に通ずるこの（龍門の）街道筋では、時々大名行列が通ります。その豪華なこと、お宿やお休み所のもてなし、それらのすべては、庶民とは天地雲泥《うんでい》の違いです。支配階級のそうしたぜいたくな生活を支えるため、村人たちは、ただ蟻《あり》の如く働けど働けど暮らしは悪くなるばかり、しかし、「泣く子と地頭《ぢとう》には勝てぬ」とあきらめて、夢も希望も無い日々を送るのです。

　さて、文化十五年は、前年米一石が七十匁《め》であったのが年末に六十匁となり、すべての物価が下がり、いくらしたくとも仕事は無く、不景気の様相は更に深刻になりま

伊勢へ通じている龍門街道。「紀州の殿様」も参勤交代に利用した。（正面は山口神社、右は西蓮寺）＝吉野町。

す。年貢は米で決めていますので、米価が安くなると困るのはお殿様です。そこで、従来の上納を増額し、米価の銀価への換算等も、時価よりかなりの高値で申し渡すことになりました。

切りつめた生活、それでも食えなくて夜逃げをしたり、逃げないまでも、未進銀《みしんぎん》といって上納を滞納する人が増えるので、上納をまけてほしいといっているのにそれには耳をかさず、今までより余分に出せと言われてはもうがまん出来ません。どうせこうなりゃ村中総つぶれじゃ。庄屋さんにいくら頼んでみてもらち明かぬ。皆で代官所に強訴…。という気持ちのところへ、庄屋の門口には られた一札によって発火したのでしょう。

断罪

文政二年四月、新しい奈良奉行《ぶぎょう》が着任すると、村預けにされている人達の呼び出しが始まりました。十六歳から七十歳くらいまでの男子を、宗旨帳（今の戸籍帳）に合わせて十四か村から約千人が、順次奈良に呼び出されます。罪の軽いのは三・四日で帰されますが、重罪人は、何か月も留め置かれ、今では想像も出来ない拷問《ごうもん》を受けたといいます。

すべての取り調べが済んだのは十一月。これだけの大事件は、奈良奉行所では裁決出来ず、江戸伺い（一切の調書を江戸幕府に送り、上司に罪科の処分を決めてもらう）になります。

江戸幕府も、いわゆる黒船《くろふね》の来寇《らいこう》や、尊皇攘夷《そんのうじょうい》論が盛んになり、内憂外患《ないゆうがいかん》で大揺れの時期、なかなか結論が出ません。村では不安に明け暮れるうち、騒動から二年たった文政三年の十二月二日、村役人を呼び出して、騒動の処分を発表します。

主謀者《しゅぼうしゃ》は、奈良市内引き回しの上、平尾村で死置《しおき》（牢死者三、四名）、あと四人を二十四か国払い（追放）としました。その立て札は、平尾代官所近くの道の辻に立てられました。

あと村預けになっている千人余りの人たちは、三日、奈良から役人が平尾村に出張、酒屋の庭に一人ずつ呼び出され、今後は絶対こんな騒動に参加しませんという誓約書に爪《つめ》印をとられ無罪放免《ほうめん》されました。

その役人は、「お前どもは皆死罪になるところだが、お上《かみ》の特別の御仁慈《ごじんじ》により罪を許されることになった。よし所払いになっても二度と決してこんな騒動に加わるな」としみじみさとし、村人も涙を流して頭を下げたといいます。極限の生活からこの騒動の必然性・正当性を主張していた人々の、その日の心境は複雑だったに違いありません。しかし、とまれ村は一応ほっとしました。

騒動はどんな結果をもたらしたか

中坊領主の台所の窮状《きゅうじょう》を助けるための増税は、この騒動によって実現しなかったようです。しかし、その後の年貢が軽くなった証拠は見出せません。生きるか死ぬか、せっぱつまった窮状を切り開くため、もののはずみかもしれないが、あれだけの大騒動を起こし、二年間物心両面の苦しみを味わった人々には、全く意外な結果です。まして、その間にいやが上に生活がどん底に落ちこみ、騒動後遺症《こういしょう》が人々を苦しめます。

『西谷文書』によれば、騒動の片付いた翌年春、平尾代官所に嘆願書《たんがんしょ》を出しています。

「当村は、昔は家数八・九十軒、人数四百人もいたが、現在では三十五軒になった。土地が悪い上に洪水《こうずい》で土砂が入って出来が悪く、未進銀や借金で暮らしができないから家は減る一方である。持ち山は他村の者に売り払っているので山かせぎや柴《しば》売りも出来ない。このままでは村中総つぶれになるので、年貢を二十％まけてほしい。」

続いて八十六年前の元文検地《けんち》の時に増額した二十石の取り消し、お殿様の位牌《いはい》を祭ってある安楽寺の茶湯料《ちゃとうりょう》・玄《げん》米八斗四升の復活を願い出ています。

ところが、代官は「江戸へ伺《うかが》った上で」となかなからちがあかず、五年の十二月には「未進銀高十三貫匁余と借財十一貫匁が出来たし、もうどうにもならんから十年間二十五石ずつ御救米《おすくいまい》をいただきたい。なお、他村へ売った土地の買い戻しや、立ち直り無利子資金百十両をお借りしたい。同時に潰《つぶ》れ百姓が多くて村弁《むらわきまえ》（村中共同耕作）の土地がどんどん増えるが、とても村では作っていけないから、お役所の方で、他所から作人を入れてほしい。」と開き直っています。

それに対して、代官所がどんな処置をとったのか分かりません。嘆願書のことばは極めて丁寧ですが、窮鼠猫《きゅうそねこ》をかむというような意気込みがあります。

その頃の村では、老人から子供へといろいろの話が語り継がれたものです。しかし。この騒動についての話はほとんど伝わっていません。本人はきつい拷問を受け、家族まで血みどろな憂《う》き目をみたこと、死置・所払い・牢死等の家に対する気兼《きが》ねもあったことでしょう。私領はもちろんのこと、天領の人たちもこの話に触れることをタブーとしたようです。誰が作ったのか、程なく「龍門騒動数《かぞ》え歌」が子供の手まり歌としてはやりだし。その歌に託《たく》して胸の中のうっぷんをまぎらしたようです。

騒動の計画

重い年貢はやりきれないのでまけてほしいというお願いは、何度も庄屋を通して代官所に出しているのですが、そのうち江戸の方に相談してと言うだけで全然取り上げられないので、村中が強訴に踏み切った。最初から代官を殺すつもりだったのか、代官が先頭に立った若者を斬《き》ったので、血を見て群衆がついに良識を失ったのか、はっきりした確証は伝わっていません。

最初、村預けとして皆が帰村した時、西谷村から平尾代官所に出した嘆願書には、「年貢減免をたのみに行ったら代官が若者に手傷《てきず》を負わせたので、集まった百姓が騒ぎ出した。代官が抜き身《ぬみ》(刀)を持って屋根に上がったので、自殺するのかと思っていたが、混雑していたため、その後の様子はわからず…」と書かれています。

しかし、この騒動は、相当以前から代官殺害が計画されていたという説もあります。主謀者は、炭焼きがまの中で話し合ったといいます。庄屋・年寄等の村役人をたのまず、小前百姓だけが結集するのですから、秘密が完全に守られなくてはなりません。「十五日夜全員集合」の張り札《はふだ》は、十四日の夜庄屋の門口に張られたというのですが、それがどうして村中に徹底したのか、当時の隠密《おんみつ》(探偵)にとがめられなかったか。なぞの部分が少なくありません。

重い上納、底抜けの貧乏、火をつけたらすぐ燃え上がる枯《か》れ草のような村の状態だったにしても、東西二里から四里（一里は約四キロメートル）、交通不便な時代に、十四か村の動員が出来たのは驚きです。

村役人ぬきの百姓一揆

百姓一揆には必ず庄屋年寄など村役人が先頭にたつのですが、龍門では小前百姓だけです。どうしてでしょうか。

文禄検地以後領主は時折検地をしますが、そのつど面積がふえ上納高がふえるのです。それは貧しい村人をさらに苦境に陥れるものとして、先年、峯寺《みねでら》外三か村の庄屋が検地拒否を訴えたが許されず、庄屋は処刑、苦い体験をしています。それにこりて年貢減免を「恐れ乍ら」と嘆願はしても村人をなだめ、強訴まではふみきれなかったかと思います。

矢治の不参加

矢治《やじ》村の庄屋の門口にも、他村同様の張り札があったのです。ところが、十五日早朝、門口を開けた同家の美人女中きくさんが、自分の悪口を書いたいたずら（何度もそうしたことがあった）と思い、破って捨てたので、矢治の人たちは全然知らなかったようです。それが矢治村の運命の明暗を決めたのです。後に、代官所から騒動不参加の故をもって、莫大《ばくだい》な賞金が与えられます。

それから今に至るまで、十二月十六日、村の神社で騒動祭りが営まれているのも何か皮肉です。この村は、高もわずか五十石、農家一戸あたり二石くらいで年貢負担は少なく、その上比較的有利な紙漉《かみす》きをしていたので、他の村より生活が楽だったかとも考えられます。

貴重な熊谷文書

騒動が解決した文政四年（一八二一）の正月、柳村の年寄《としより》（副区長）熊谷氏が二人の村役人と会合の折、この騒動のてんまつを詳《くわ》しく書き残しています。それは、おかみの忌避《きひ》に触れるのを恐れ、人にみせるな、人に貸すなと、かたく他人の目にふれることを止めています。

熊谷氏は、村役人の職にあって、騒動発生以来、他の同僚とともに入牢《にゅうろう》中の人たちの見舞と留守《るす》宅の世話、それらの諸経費の調達、役所からの呼び出しに応じて十里の悪路を歩いての何回かの往復等、物心両面の苦しみを味わった人です。それだけに、書かれた騒動の経過は、真相を伝える唯一《ゆいいつ》のものですが、村役人という職責がら、おかみをはばかってか騒動の原因については触れていません。

柳村は、「岳山《だけやま》」よいう村共有の雑木山があり、その立ち木の処分ですべての経費をまかなえたものの、こんな財源の無い村々ではすべてが個人の負担、踏《ふ》んだりけったりの惨状《さんじょう》です。

『熊谷文書』は、不参加の矢治と参加した村々とを比較し、今後人が誘うてもこんなことに参加するなといましめていますが、もし騒動に参加した人が書いたとしたら、別のものになったかと思います。

龍門騒動手まり歌

この歌は、幕末から明治の初めにかけて、子供たちがよく歌ったらしいですが、私の子供の頃、明治三十年代には故老《ころう》がたまに歌うていどで、子供たちには伝わらず、その正調は、今、西谷の坂口コマツさんから坂口千代さんが継承しています。

崩れる封建制

生か死か、どうにもならずおきた龍門騒動も、きつい拷問《ごうもん》にくじけ、泣きね入りに終わりました。でも全国的に広がる百姓一揆、つづいて天保の大塩騒動、一方通行の圧政はゆらぎ泰平の夢は破れる時がきました。文久三年天誅組の志士が天領の五條代官所を襲撃《しゅうげき》、代官を殺します。それは新しい時代の夜あけです。

騒動から五十年、徳川幕府がつぶれ、明治御一新を迎えます。天領も私領もすべて解消、大和は奈良府・五条県・堺《さかい》県・大阪府等の過程をへて、現在の奈良県になります。

かつてのお殿様も一定額の公債をもらって、折からのインフレ時代に、なれぬ庶民生活をせねばならなくなりました。峯寺の老人の話によれば、同地にあった中坊氏の持ち山をいくらでもよいからと買い取り方を頼んできたようです。すでに騒動関係者は殆ど姿を消しています。

山かげにひっそり、浜島代官の墓

大和国では、天領の五條代官鈴木源内と私領の平尾代官浜島清兵衛の二人が非業《ひごう》の最期をとげています。

浜島代官は四十二歳の働き盛り、単身赴任であったため、後世、騒動の主謀者と村の女性を争い、恋のうらみがこんな騒動になったという人もいますが、そんな伝承はありません。

代官は二・三年から七・八年で交代しますが、その間、代官所用人・大庄屋・庄屋・地役人等を統率《とうそつ》、村人から年貢を取り立てるのが仕事です。代官というと悪の字がつくほど評判がよくないのですが、浜島もその頃の平均的な代官だったかと思います。日ましに支出の増える主家と貧しい農家との板ばさみにあって、平素の肩で風切るといった威張《いば》った姿勢の裏にはいろいろな悩みもあったのではないでしょうか。

不運な、暗い時代の犠牲者「真如院清誉浄性居士《しんにょいんせいよじょうせいこじ》」と刻んだ自然石の石碑《せきひ》が、平尾上田墓の少し下の道端に立っています。百姓を苦しめた代官の石碑は、人々の恨《うら》みでいくら起こしてもすぐ倒れてしまうといわれてきましたが、私たちは、悲劇の代官の為に墓参の都度《つど》必ず清掃回向《えこう》しています。郷土史家岸田先生、元私領の菩提寺《ぼだいじ》である比曽寺の元山《もとやま》和尚等、最近、弔《とむら》う人が増えています。

西谷安楽寺裏墓地にある元禄時代（一六八八～）の中坊、西谷代官の辻氏とその愛嬢《あいじょう》お蝶姫《ちょうひめ》等一族の立派な石塔に比べ、同じ中坊の代官でありながら山かげにひっそり立っているのはわびしい限りです。

明治御一新の旗印、少し前天誅組《てんちゅうぐみ》がとなえたように、年貢半減の公約？も、とてもその通りいかなかったようです。以前のおかみへの年貢は新政府への地租と名が変わり、物納は金納になりました。地券設定により農地の売買が自由になり、貧農の土地は富裕な人たちの手に集まり、新たに地主と小作人という階層が生まれます。小作人は収量の五十％から六十％の小作料を地主に納めるので、今までの小前百姓同様の暮らしです。農村全体に幕政時代よりやや不況《ふきょう》が緩和《かんわ》されたとはいえ、明治から大正にかけての状況には余り改善の跡が見出されません。

浜島代官の墓

養蚕で救われた農村

大正七年、騒動から百年、龍門騒動など故老の昔語りに聞くくらいで、ほとんど皆の記憶から消え去っていたその年の夏、不思議にも米騒動が起こりました。春以来少しずつ米の値が上がって、夏には二倍余に暴騰《ぼうとう》、つれて諸物価が上がり、大衆は生活難を訴え、富山県に始めて起きた米騒動は、またたくまに奈良県にも波及《はきゅう》しました。

一方、第一次世界大戦は、日本にとっては好影響で、当時最大の輸入商品である生糸《きいと》が有史以来の高値になったため、その生糸を生産する養蚕は、農家の生活に未曾有《みぞう》の繁栄をもたらしたので、同じ農村内でも蚕《かいこ》を飼う家と飼わない家とで明暗が生じます。

日本での養蚕は、古くから行われていましたが、明治の末頃から急に広がり、その有利性が認められるに及んで、全国農村に普及しました。大正九年を中心にした数年間、蚕を飼わないのはお寺の阿弥陀さんくらいだと言われ、米代金の数倍の収益をあげました。

農家の人々は、春から秋まで三回から四回、〝お蚕《かいこ》さん〟とさんづけをして我が子のように大切にし、座敷《ざしき》や居間《いま》に棚《たな》をかいて飼い、人々は板の間で仮眠をとるだけ、夜も昼も働き続けました。

こうしたきびしい労働の報償として、農家は、初めて百円札（現在の米価に換算して最低十万円）を手にしました。家は新築され、年来の借金の返済、そしてかなりの貯蓄も出来たのです。盆《ぼん》と正月が一度に来たかのようなこの好況で村の面目は一新し、長い間農民を苦しめた農村不況はもう絶対来ないと信じ、華美《かび》な風潮さえ芽生えて来ました。県や郡の役人が「一枚の紙にも裏表があるように、好景気の後には不景気がきっと来る」と、講演会を開いて呼びかけていたのですが、なかなかききいれられませんでした。

その頃、生糸の輸出先アメリカで、生糸よりはるかに値の安いナイロンが発明され、その影響で生糸が暴落しました。養蚕がだめになり、派手《はで》になった生活の引きしめもうまくいかず、昭和二年の金融恐慌、六年の満州事変の起きた頃には、また、もとの貧しい農村に逆戻《ぎやくもど》りします。

農地解放

敗戦とともに、占領軍の指令によって地主の所有地が国に買いあげられ、小作人に売り渡されることになりました。龍門騒動に年貢減免を頼みに命をかけて集まり、そしてあえなくも敗れた人たちの終世の悲願、さらに、大正時代の小作料減免運動をとびこえて、夢にも考えられなかった安値で、先祖からの小作地を自分のものにすることになったのです。これは、日本の農政史上画期的なものです。

龍門騒動後百六十年の歳月は、村人の記憶からほとんど消え去り、手まり歌を歌う子供も無くなりました。今、代官所の跡は畑になり、春は桃の花が咲いています。

その頃の天領も私領も、家並みは目をみはるばかり、電燈がついて夜も明るく、舗装した道には車の列が続きます。貧富の差無き豊かさ、言論信仰の自由、就職就学の機会均等等、泰平そのものといった平和な生活がそこにあります。

これらは文明開化・科学の進歩が今日の社会環境を作り上げたものといえます。しかし、その陰《かげ》に生死の境を彷徨《ほうこう》しながら、それに耐えて、営々村造りに努力して来られた先人の、尊い努力の積み重ねがあったことを見逃すわけにいきません。私たちは、騒動関係者の慰霊、供養とともに、すべての先祖に対し、深甚《しんじん》な謝意と報恩のまことをささげたいと思います。

（昭和五十六年一月二十五日　稿）

〈補遺〉その後発見した資料

郷土史家　垣内為三郎氏遺稿要約（騒動参加香束村の旧家）

一、田畑年貢の外に山、まつたけ、薮、炭、茶、栢《かや》にも年貢がついた。大きな栢は一本で米二石位の税を払った。

一、私領十五か村の上納は約二千五百石、その一割が米納、九割が銀納である。上納米は検査極めてきびしく、一粒よりの最上質米である。それを五十石宛上市とどろき市場で商人に入札販売して、平均値段を算出し、更にいくらかの上乗せした価格が銀納値となる。

一、西谷の支村細峠《ほそとうげ》に又兵衛という義侠心にとむ炭焼がいた。その妻藤枝と共に村人から尊敬をうけていた。村人のひどい窮状に同情し源八外数人と炭焼がまの中で協議、強訴を計画、年貢減免がきき入れなかったら代官殺害ときめた。

一、浜島代官が逃げ場を失い代官所のやねに上って、かみしもをぬいだ。是は平素いばっている武士が「まいった」と降参《こうさん》を意味するらしいが、集まった百姓には通じなかったらしい。

一、騒動のあとどの村も多額の入牢についての諸入用支辨の為土地をうり、借金の上ぬり、貧しい村は更にドン底におちこんだ。

一、そうした窮状を江戸の中の坊お殿さまは察せられ、ひでり、水損、虫害、風損などの時は上納を減免、平尾代官所へは温良な人物を赴任させ、又郷中よりも人望ある人を大庄屋に採用し、賄賂政治・中間搾取の弊害《へいがい》を除き良政をしかれたようす。又浜島代官の子息の成人をまって平尾代官に採用。地元との融和をはかられたようである。それは騒動後十余年後、浜島市太夫名の米札手形等が散見するのをみても察せられる。

一、明治二十年頃、中の坊お殿様の御子孫が平尾代官所跡地へ御来駕、当時の村の名門を招待され、酒食を共にして往時を談じ決別の意を示されたる事あり。

（昭和三十一年一月二十五日）

宮滝村庄屋　今西家資料（矢治村隣村の名家）

（　）内上田註

一、大珍事　要約

一、浜島代官の下役、大東某は騒動時にげ出し、入野《しおの》村で駕《かご》をやとい五條代官所へかけつけた。そのあと丸腰《まるごし》で（代官所をにげ出す時、両刀を忘れてきたらしい）武士の面目を失い、自責の念にかられ乍《なが》ら、野原村あたりを三〜四日うろついていたのを南都番所へ召捕られた。

一、此騒動は年貢値段の高値から起こったもの、五條値段五十六匁《め》（一石）ばかりなのに上納値五十九匁、六七匁（？）も高いのは一大事だ（これは計算違いか）

一、矢治村は立会はなかったが他の村で色々批難されるので早速他の村々へ謝《あやま》りに行ってすませた。庄屋一人南都へ行ったが宿預けになって別に用事なし、其後小前らも召出されたが、これらの費用は凡《およ》そ四十匁程かかった。

一、巳の正月に残りの十五人出獄した。その中、仕置《しおき》は一人もなく牢死《ろうし》した人が五・六人。その中にこの騒動の頭取がいたらしい。残りの者は国払《くにはらい》になったが、内々その中帰国した。

一、矢治村庄屋、喜右衛門へ金五両、年寄西垣内へ金三両、村方へ三貫目、御番所より御ほうび。地頭平尾代官出役よりも右割合を以て米高《たか》二石下されて（石高二石減額）、庄屋は永代帯刀御免になった。

一、右決して他言無用（熊谷文書と同じ意味の事がかかれている。其筋のめにふれることはタブーであるから）

文政四年　極月　改

○この外飯貝林家、山口上田文書にも経過がかんたんにかき残されている。

〈付〉龍門騒動手まり歌

一つとや、龍門騒動は大騒動、二十まで作った手まり歌　歌おうかいな
二つとや、札《ふだ》の行かんを無理として、このよな騒動が起こりがち　とくしんかいな
三つとや、水のたるよな大小を、さすはよけれどそのあとは　むつかしわいな
四つとや、様子はこちらの胸にある、あやまり次第は心から　残念やいな
五つとや、いとしござるは又兵衛《またべえ》さん、親子はお江戸へ生き別れ　悲しいわいな
六つとや、無理な取り立てなさるから、このよな騒動は起こりがち　もっともかいな
七つとや、何《なん》と言うても身をせめる、心の鬼が身をせめる　残念やいな
八つとや、屋敷はここに身はお江戸、いとしござるは糸桜　散りますわいな
九つとや、頃は極《ご》月十五日、十五カ村が寄りおうて　相談じゃいな

十　とや、年は十六くらのすけ、酒屋《さかや》の息子《むすこ》は大てがら　あっぱれじゃいな
十一とや、言わず語らず百姓は、胸に毒虫毒《どくむしどく》がい　かくもうかいな
十二とや、人数よよそ四千かず　高は三千五百石　龍門かいな
十三とや、さらりと蓑笠《みのかさ》うちそろい、竹槍かたげて追々と　行きますわいな
十四とや、攻《せ》めかけられたる浜島は、のぼろうとすればつき落とす　まくれるわいな
十五とや、五刑しもとのさたかぎり、こいつは又えらいと見定めて　おとそうかいな
十六とえ、牢に入れられよと殺されようと　又兵衛さんのかたきうち　ほんもうかいな
十七とえ、七尺縄《なわ》を腰にまき、長い道中ひかれゆく　おそろしわいな
十八とえ、早鐘《はやかね》あらわす大除夜の　松本おすじとみとどけた　もっともかいな
十九とや、国は東国龍門の　今度の騒動はどこまでも　響こうかいな
二十とや、二十でおさまるこの歌は、歌うておくれよ守《も》り子供　頼むわいな

〈上田註〉

これは、私の祖父が歌っていたものです。歌う人によっていろいろと歌詞が違いますが、原本が無いのではっきりしません。転化したためか意味の不明な箇所もかなりあります。

〈編注〉

「龍門騒動」の学問的研究については、昭和二十八年（一九五三）にまとめられた木村博一氏（奈良教育大学）の「大和の龍門騒動」や「近世竜門の村落生活」があった。

騒動当時、柳村の年寄役を務めていた熊谷五兵衛が書き残した『陣屋騒動百姓一揆記』、飯貝村（現吉野町）林助三郎の『歳々日並記』、西谷と柳の区有文書が基本史料だった。

以後新史料の発見はなく研究に進展がみられないまま半世紀以上過ぎたが、天理大学の谷山正道教授が天理大学附属天理図書館の「保井文庫」（北葛城郡王寺町の郷土史家保井芳太郎氏が蒐集した史料群。終戦間際に天理図書館に寄贈）の中から、新史料三点を発見した。

天理図書館編の『ビブリア』第131号（平成21年5月、天理大学出版部発行）によると、発見史料の「中坊徒党一件御召捕人数写　全」（山口村彦兵衛写）で「龍門騒動」での捕縛者は三百三人（小名村十七人、柳村四十六人、香束村二十七人、平尾村十八人、西谷村二十六人、峰寺村五人、志賀村十七人、滝畑村十九人、立野村三十人、西増村三十六人、比曽村三十二人、矢走村十二人、持尾村八人、岩壷村十一人）であったとされる。

文政二年（一八一九）三月に再開された取り調べは実にすさまじく、ゑびせめ、木馬せめ、石重ねせめ、水せめなどが行われたと伝える。

江戸伺いの後、文政三年（一八二〇）十二月二日に出された幕府の裁定結果を記載した「御裁許書　全」（柳村半蔵写）も発見史料の中にあった。

それによると、「発頭人」、つまり主謀者とされた西谷村細峠の又兵衛は「奈良町引廻之上陣屋於最寄獄門」、西谷村の林蔵、儀兵衛、平尾村の善四郎の三人は「死罪」となった。また、十七人に「重追放」、五人に「所払」、二十二人に「所持之田畑家屋敷家財共欠所」の判決が下されている。

ただ、又兵衛は文政二年十一月十四日に牢死しており、「死罪」となった林蔵、儀兵衛、善四郎も仕置決定までに牢死していた。取調のすさまじさがうかがい知れる。龍門騒動に参加して命を落とした者は二十一人に上るといわれる。

（鶴井忠義）

天保ききん考

上田　龍司

我国では有史以来三年か五年毎にきゝん年があった。幕末天保三年（一八三四）から八年にかけての、「天保きゝん」は天明きゝんとともに全国的に大被害を及ぼした。東北地方では一村全滅した処があり、小判をくわえて餓死したという悲話も伝えられている。私の家に天保七年の此の地方の米高の記録がある。

此の年は春以来雨天続きで不作、十一月末（この時分は陰暦だから今の暦になおすと一か月位おくれている）、米一石の値段が銀百三十目位（今の五万円位）だったが、翌八年の二月に二百目、五、六月頃には二百八、九十目、一升の店売りは三百六、七十文、秋九月頃になって二百五、六十目、十月にはやっと前年秋の値段まで下った。こんな高値の為世間一般が大へん難儀をした。前述の値は古来稀な高値ときいているので、かきとめておく。

これより約二十年前、龍門騒動がおきた文政元年には、春に一石七十目、秋に六十目位、其後三十五匁（匁も目も同じ）位の安値があった事を思ふと、この高値は大変なものである。

さて当時の世相は、不作につけこんで米の買い占めをして私腹を肥やす悪徳商人があり、幕府の威令も漸く地におちて十分な取締りができず、一方大衆は窮乏のどん底生活にあえぐ。したくとも仕事はなし、官営の富くじが流行し、夜盗、追はぎ、娘売り、はては夜逃げ、自殺に追いこまれる。集団で強訴をする過激な百姓一揆、町では手あたり次第、打ちこわし、放火掠奪《りゃくだつ》が行われる。幕府にしても外は外国船が次々と通商開港を迫るし、内は尊王攘夷にゆれて、内憂外患、物情騒然とした暗い時代であった。その上この大きなききんは、更に一段と重く暗くのしかかったのである。

さてこのききんが此の地方にどうした災害を与えたか、今迄の調査では正確な資料はみつかっていない。そこで私は祖父から子供の頃、ね物語にきかされ、長じてより村の老人からきいた「天保の悲劇」をかきとめておきたい。


その頃の村人の食生活は現在とは比較にならないひどいものであった。

米の御飯は正月、盆、やぶ入り、祭等一年のうち数える程、あとは「おかゆ」である。そのかゆも米ばかりとはきまらず麦かゆもあった。かゆは水に入れてかしぐ、米麦の分量はきまっていないから、米びつが乏しい時は俗に「めの玉のうつるかゆ」といって、米は数える程で水ばかりである。その上、平素はききんにそなえ炊く時に一つまみ宛米をとっておくのである。そのつまみ米で農繁期に御飯をたく。

米や麦がなくなると雑炊《ぞうすい》に移行する。雑炊はしいな米、小米の粉、米や麦の団子に芋《いも》、野菜などを切り込み、味噌、醤油、塩味等をつけた汁である。普通一日に四回、農繁期や働き盛りの若者は五、六回も食事をとるが、栄養など考える余裕がなくただ満腹するだけである。

当時米麦の主要食糧以外に重要な役割をもったものにアワ、キビ、ヒエ、ゴマ、トウキビ、トウモロコシ、大豆、小豆、インゲン、文豆、えん豆、そら豆等がありこれらは救荒《きゅうこう》作物として珍重された。野菜は今の様に沢山の種類がなく、大根、牛蒡、葱、油菜《あぶらな》、とうじしゃ、ちしゃ、茄子《なす》、南瓜《なんきん》、胡瓜《きゅうり》ぐらい、芋《いも》類では輸入の甘藷《かんしょ》がぼつぼつ普及しかけた程度、里芋もわずか、馬鈴薯《ばれいしょ》は戦国時代輸入されていたものの有毒だといって敬遠されていた。（馬鈴薯は日向芋《ひゅうがいも》と呼ばれた。発芽時外皮の青い処にソラニンといふ有毒成分があり、妊婦などに有害）

ありがたいことに龍門地方は豊富な山菜に恵まれていた。茎葉を利用するものには、セリ、ナズナ、ヨメナ、ノビル、アサツキ、ツクシ、カンゾウ、タラノ芽、クコ、山ウド、イタドリ、山ブキ、ゼンマイ、ワラビ、ユキノシタ、アマチャ、アカザ、山ワサビ、山タケノコ等々があり、雑炊に切りこまれたり、したしもの、菜種油あげ、つけものに利用された。又その根が有名な吉野葛の原料になるくつわふじは至る処の山野、川端に生育しており、その葛から作る葛湯は病人食として珍重されたが、同じ澱粉を含む、わらび根は余り利用されなかった。

これらの外、かしの実は粉にしてかゆに混ぜ、とちの粉はとち餅に、山ぐり、かや、しいの実、山柿、けんぽなし、松のやどりぎ、しもかづき、山桑の実などは、子供のおやつに喜ばれた。

村は高持（本百姓）と無高（水呑《みずのみ》百姓）とにわかれる。上納（税金）がきついので不作年がくると高持の百姓も没落する。まして水呑百姓はしたくとも仕事はないし、平年の何倍という米高になると買う金がない。何日も御飯を食べぬ家がでる。

どこの村でもこうなると日をきめてお寺の庭に大きな釜をすえて炊出《たきだ》しを始める。その米は御救米《おすくいまい》といって、代官所からの救援、又は篤志家からの寄贈である。それがつきると備蓄米に手を付ける。備蓄米とはききんにそなえて村々で保管している米で、これは後日、積戻《つみもど》しせねばならない。

始めての炊出しには世間をはばかってためらっていた人も日がたつにつれ、恥も外聞も忘れて列を作る。組頭や村役人が一戸当り一升、杓《しゃく》に一杯宛の配給をするのだが、回を重ねる毎に中味がうすくなり三日目が五日目、五日目が十日目へとのびて行く。こまるのは村人にまじって他村の人が押しかけてくる。中にも悲惨なのはもらった白かゆを、ごくりとのみこんだとたんに息がたえる人があり、火のつく様に泣き叫んでいた背の子がおとなしくなったと思ったら死んでいた等々。正に生地獄である。道傍に行き倒れの人がふえ、村はずれに無縁墓が作られる。村役人は自分の乏しい資材をつぎこんでゆくが、飢人の数はふえる一方、精魂つきはて文字通り「村中総つぶれ」の様相を示す。

天保八年春、かつて天満与力として名声の高かった大塩平八郎が、生活苦にあえぐ市民を救う為、私財全部を投出して市民に提供したが、窮民はふえるばかり、お上の施策にあきたらずついに叛乱を起こす。程なく鎮圧したものの、この大塩騒動は徳川幕府のやたい骨を大きくゆさぶった。

天保四年冬、この地方の天領を治める五條代官所の青山代官は、管内の各町村に対し礫川老人が記述した、救飢松皮製法、藁餅の製法、土がゆの製法、という飢を防ぐ秘法を御ふれ書として配布した。原文はむつかしい文語体なのでやさしく解読してみよう。

一、松皮製法

松皮を食ふ事は或る禅僧の伝承で飢《うえ》を救うのに甚《はなは》だよろしい。是を食すると痰喘《たんずい》痃癖《げんぺき》（呼吸器病）、胸の痛み、腋瀉《えきしゃ》（胃腸病）によい。久しく食すると無病長寿である。外の色々な薬や食物と共に食するも支障はない。

一、皮は雄松、雌松、若松、どれでもよい。雄松の老木は最上、中の甘皮《あまかわ》は苦味《にがみ》がある。外の荒皮《あらかわ》を鎌などで削《けず》りとって使用せよ。

一、皮を碓《うす》に入れ杵《きね》でつくともろくくだける。それを磨臼《すりうす》でひき、とほし（ふるい）に入れてふるい粉末にする。こうして粉にしたのを蓋《ふた》のよくあう釜か鍋に水を入れ、かきまぜ、煮《に》たて、火をけしてからも釜のふたをとらず、あくる朝までそのままおくと、若木の皮でも渋味も苦味もなく、いやな匂いもなくなる。さて上水《うわみず》を流す時粉がこぼれぬ様、みそこしの中へ敷布《しきふ》をひろげて、其の上へあけ、砂があるからゆすって其の布ですぐしぼり、餅《もち》や団子《だんご》をつくる時のように、米をこしきに入れ、その上へ松の粉をひろげおき、米がむせたら臼《うす》に入れてつく。手水《てみず》は少なくした方がよい。よもぎ等入れるとさらによい。まぜものには麦、粟、黍《きび》、稗《ひえ》、里芋、さつま芋、生わらびの根、葛の根、其の外その土地で食べなれた草木の類を工夫して入れよ。尚松の粉をいったのをかゆや雑炊に入れてたくと、減量するから出来上る前に入れるがよい。

一、香煎《こうせん》（こばし）にするにはあくを抜いた粉を日にほして炊く。老木の皮の粉は、あくぬきせずにいってよろしい。其の粉に米、あわ、きび、ひえ等をいってひきうすでひき半分まぜると上等だ。次は極貧者は松の粉ばかりを食する。豆の粉や甘茶を少し入れてもよい（砂糖も塩もでてこない）。茶殻（茶に煎じた残りかす）を乾し、ひいてまぜてもよい。貧しい者には餅や団子にするより、香せんの方がらくでよい。朝三杯も食べると昼間までは腹がへらない。又松の粉をよく煎ってご飯のうわおきにして食べるとあくぬきせなくともよろしい。

一、藁餅《わらもち》の製法

藁《わら》の根元四五寸程切り去り、又先の方も五、六寸切捨て、二三分宛にきざみ、二、三日水に浸し、よく乾してほうらくで煎《い》り磨臼《すりうす》でひき、すいのう（篩《ふるい》）でふるいわけ、麦、粟、さつまいも等松の粉の時と同じように何でも（野菜、野草など）二、三分程度まぜ合せ、せいろでむし臼《うす》かすり鉢でつき、餅団子として食べる。

一、土かゆの製法（或る官医の家法）

土はどこの土でも、砂や石の少いのを選び、土一升に水四升を入れ、桶の中にてよくかきまぜ、上水《うわみず》を四、五度とりかえ又水を入れかきまぜ別の桶に入れ、前と同じ様にかきまぜ水をかえ、水につけておいて三日間一日に一度づつかきまぜ水につけておく。葛の粉やわらびの粉を水でさらす法と同じようにして作る。この沈んださらし土へ、水二升を入れ煮て、うすいかゆの様にして食う。その中へ菜大根など切りこみ同じ様にして食べてもよい。一日に三合より五合までを食べよ。殊にこの法を用いれば五穀を食はずとも飢えなし、身体強く健康だという。

一、今年米穀のみのりが悪く、村々の人々飢に及ぶものがあるよし、きくにしのびず此法を行えば少しく利益があろうかと思い、板にほって（印刷して）広く施すものである。

以上

世界中の豪華な食品が店頭にあふれ、望むままに山海の珍味を飽食できる今の時代には、想像もできぬ話である。私は若い頃、まだ元気だった天保生れの古老から、この救飢食についてきいた事がある。藁の粉、松皮の粉はかなりの人が食べたらしいが、凡そ人間の食うものでないという。土がゆについては、さすがに誰もが食べた経験をもっていなかった。しかし当時、ぬかだんご、かしの実の粉、芋のずいき、渋柿の皮等は大ていの家で利用したと聞いた。

更に天保八年五月、公儀より仰出され御薬方の事という五条代官所からの御触書がある。

一、それは天明ききんのあと時疫《じえき》（疫病、今のチフスか）が大流行したので、幕府から妙薬を全国に教えたものである。今回のききんにも時疫や雑食《ざつしょく》の毒にあたり困っている者が多いよしにつき、御薬方を更に御救いの為にだされる御触書である。

一、時疫流行の節この薬を用い其の煩《わずらい》を免れよ。

一、大粒の黒大豆をいって、かんぞうと水で煎《せん》じて時々のめ。

一、茗荷《みょうが》の根と葉をつきくだき汁をとりてのめ。

一、牛蒡《ごぼう》をつきくだき汁をしぼり、茶碗に半分宛二度呑んで、其上桑の葉を一握り程火によくあぶり黄色になった時、茶碗に水四杯入れ二杯に煎じ、一度にのんで汗をかくこと。

一、熱高く狂人の様に騒ぎ苦しむ時は、芭蕉の根をつきくだき汁をしぼりてのめ。

以上は時疫の妙薬である。次に一切の食物の毒にあたり色々の草木、きのこ、魚、鳥獣など食い合せ等に左記の方法を用いて死を免れよ。

一、一切の食物の毒あたりには煎った塩をなめよ。又ぬるい湯に入れてのむもよい。

一、大麦の粉をよくいって湯で呑む。

一、食あたりで口、鼻より血を出して、ひどく苦しむ時は葱《ねぎ》をきざんで、水でよく煎じ、冷しておいて血のとまるまでのめ。
一、赤小豆の黒焼を粉にして水でのむ。獣の毒にあたった時には最もよい。
一、菌《きのこ》を喰いあたった時、忍冬《にんどう》の茎葉とも生でかみ汁をのむとよい。

何れも千金方、衛生易、夷賢志、本草綱目、農政全書等からの引用である。当時飢餓空腹にたえかねた人々は、食えそうなものは手当たり次第に口に入れ、重病となり落命した人も少なくなかった事と思う。こうしたお上《かみ》の御ふれがきが、どれだけの効果をもったか、まことに膚寒い思いである。さてこうした悲惨なききんは何故起きたか。

それは先ず農耕技術の幼稚さをあげねばならない。天災は勿論、病虫害を始めあらゆる人災とか考えられない条件が重複する。又道路が悪く、人の肩か牛馬にしかたよれない輸送、多少地方的に余裕があっても、救援思うにまかせず、且つ大凶作になっても貢租の減免は殆どなく、救済対策も十分に行われなかった。

さてこうした悲劇も天保ききんを境にして、全国的な大規模のききんは起らなくなった。それは水田のサハイ虫（うんか）の注油駆除法が発明普及された事である。稲作の最大の害虫サハイ虫は、夏の末から秋にかけて台風のあと忽然襲来、アッというまに全滅に近い被害を及ぼす。ちょうど天保前後に日中水面に魚油菜種油などを畦間を歩いて注油し、稲草の上を竹箒《ほうき》ではいて虫をふるいおとす方法が、或る篤農家によってこころみられ、古来習慣として行っている虫送り等とは比較にならぬ効果があるので、お上《かみ》の助成奨励もあって全国的に普及したのである。

もう一つ特筆すべきことは幕末、大和でも中村直三の様な篤農家が稲の優良品種を選抜育種、各地へ配布した。当地方でもその改良種永原穂《ながはらぼ》は在来品種より二、三割の増収をえたという。

明治新政府は先進西洋諸国に範をとり、蔬菜《そさい》、果樹の優良品種の輸入を手始めに、人造肥料、新農具をとりいれ、米、麦を始め主要食糧の品種改良と増産にとりくむ。農事試験場、農業大学を頂点に、各種学校、農会農家組合と研究機関がととのい、農村の姿は一変する。かつて反収、上は一石三斗から五斗、下は七、八斗だった米の収量は、明治から大正、昭和と漸増、第二次大戦後には平均二倍から三・四倍と予想もしない増収田が現れる。

これは肥料、農菜農機具が完備し、多年蓄積した水稲栽培技術をフルに活用した成果である。その上かって手労働で味わった苦痛を完全に取り除き、快適な農作業に励む福音をもたらした。所要労力も三分の一から五分の一と短縮され、それだけ経営の合理化が進む。但し一方では巨額の設備投資に資金の調達する不利もめだつが、かくてききんはこの世から完全に姿を消したかにみえた。

ここ数年米が余り、ききんを味わった人が胆をつぶす様な休耕田が出現する。政府手持米が山積、食管会計は赤字つづき、稲の作付を従来のまま続けられなくなった。ミルク、パンを主体にした西洋料理の普及につれて大衆の米ばなれがそうさせる。

現在、内地生産食糧で余るのは米だけで、麦、大豆、玉蜀黍《たまねぎ》等すべて輸入にまたねばならず、餌料《しりょう》から果実、野菜さえも自給できない状態がつづく。世界の人口は年毎に増加の一途、食糧生産輸出は米、加、伯等数カ国に限られた情勢で、かっての様に自給自足できない諸国の食糧事情は、極めて不安定といわねばならない。天保のききんを一応最後と考えていた私達に戦争という特殊事情があったにしろ、戦中戦後極限の窮迫した生活に追い込まれたことは、記憶に新しい。先人が血と汗によって拓き培ってきた伝来の美田に、外来の黄色の花をつけた雑草が繁茂しているのをみると、新しい型のききんが再びこの風土を侵す事のない様祈らずにはいられない。

（昭和五十六年二月二十五日）

いのちのかて　昔の稲作の思い出

上田　龍司

◎郷土の米作り

私達の先祖は、いつの頃か、陸の孤島のような吉野山地に住みついて、木の実や野草をとり、山に狩し、河沼に漁りして生活を営む。そして、焼畑に食物を作るようになって原始農業が始まる。今から二千年ぐらい前に、稲が南方から日本に入ってきた。それが、従来作って麦、粟《あわ》、稗《ひえ》などの食用作物より遥かに美味で収量も多いので、これが栽培に精魂を傾ける。

そして、水のある処、平地から山あいの階段田まで、私達の先祖は長い間困難とたたかって、水田を作り、米を作ってきた。

今、日本の農業は、世界経済の片隅で、根底からゆさぶられている。世界の食糧大生産国である米国が、日本の三分の一程度の生産コストで、米の輸入自由化を迫ってきた。日本の米作地帯はもちろん、郷土の米作りもいつの日か、昔語りになるかもしれない。

食生活の変化で、かつて私たちの生命の糧としての稲作は、年々減少する。米作り仕法を書き残しておくのも、むだでないと思う。

◎田はどうしてできたか

稲は大麦などと違って、水がなければ育たない。最初は谷川のほとりなど、水利の良い場所を選び、まず、石垣や土堤を作って水平に土をならし、その上に赤土を六寸（二十センチ）ぐらい置き、カケヤでたたいて「床《とこ》じめ」をする。これは水漏れを防ぐためである。

その上に、山はだを崩して、肥えた土を六寸（二十センチ）から一尺（三十センチ）入れるのである。

そして、水を入れて畦をぬれば水田が出来上がる。すべてが人力なのでその苦労は大変だった。

◎灌漑、池、井ぜき

こうして出来上がった水田へは、川から水を入れなければならない。この地方の川は、川底が深

イデ（上）とイデミゾ（吉野町四谷）

「ムラの溜池」（吉野町山口）

いので、大きな石をつみ上げて段落を作る。

　ここにせきとめられた川水は、耕地にそって作られた灌漑溝《かんがいみぞ》（イデミゾ）へ導かれる。だんだん耕地がふえてくると、川水だけでは不足する。そこで考えられたのが溜池である。

　秋から冬、春にかけて、田の水の不要な時期の雨水を溜めておいて、使おうという生活の知恵である。

　集水区域の広い、やや高台の谷に位置を定め、その底に、まっすぐで太い松の木を割って、中をえぐり水を通すように加工した樋をふせこむ。

　その樋は、先端の穴を桧の丸棒でふさぐわけで、その操作で水を出したり止めたりするのである。

　さて、この桶をふせ込む作業は、念には念を入れなければならない。赤土の粘土で周囲をまき、その上に赤土を積んではたたき、たたいては、しめて、土堤《どて》を積み上げる。

その作業に、少しでも手抜かりがあると、水は漏れたり、土堤が崩れたりする。

◎天水田（テンスイダ）

池や川の恩恵を受けない水田は、天水田といわれる。天水田は雨水が頼りだったから、三年おき位に収穫皆無になりかねない。

そんな危ない綱渡りをなぜするのだろうか。昔から米が食糧の最上のものとされ、米に対する魅力にひかれたからららしい。もちろん、外に有利な作物もなかった。

◎田の水入れ

一毛作田、いわゆる「ふけた」は、大体水の心配はないが、二毛作田「からけだ」は、程度の差はあるが（水もちのよい田と悪い田）、五月から九月までは、寝ても覚めても田の水が気にかかる。

苗代の時期になると、耕作者総出で、荒井出仕《あらいでし》（イデシ）をやる。

井ぜきに土俵を並べ、赤土を運んで止め上げ、溝の掃除をする。植え付け前には、さらに、丁寧に止め上げる。

戦前井出仕のあとは、必ず酒食を準備した。当時、雑魚《ざこ》に葱《ねぎ》を入れて炊いたいろめしは、山海の珍味で楽しみであった。のちには、かしわや、肉めしになり、そうめんや酒もついた。

そして、順番で水を入れて畦《あぜ》ぬりが始まる。それがすむと植え付けが手際よく行われる。

早植えは節田《せつだ》といって、六月始めに片付き、一般は中田といって六月二十三日で終わる。

雨喜《あまよろこ》びと野休みと、村の農休日が続くので、それまでにすべて手伝いあって（結《ゆい》にして）植え付けを片付けるのである。

◎番水（バンミズ）

田植え後、雨が順調に降った年は、十年のうち二・三年、あとは番水《ばんみず》年。思い出に残るのは、大正十一年と十三年。殆ど全期間番水をした。

番水とは、順番に水を入れることで、土地の広さに応じて時間給水をして、一滴の水も無駄にしないようにするのが目的である。

今の十アール、昔の一反は四十刈りといい、四十束の稲わらの刈れる面積ということである。十束刈りの面積が一時間というのが原則で、下段の水田から上段へと及ぶ。時計のない時代には、火縄や線香で計ったらしい。

日照り年には、田の隅に野井戸を掘ったり、漏り水を竹桶で受けたり、風呂水から炊事場の廃水まで集めたものである。

こんなに大切な水だが、田の畦は「もぐら」の通路。ちょっと見廻りを怠ると、大穴があいて、せっかく溜めた水が外へ流失する。

「もぐら」は音に敏感なので、夕方あちこちで肥料桶（コエタゴ）を棒でこすって異様な音をたてていた。それがどれだけの効果があったかは、わからない。

だんだん日照りが続くと、川の水はかれ細り、田の畦際へは水が廻らなくなる。そこで、とっておきの池の水の出番である。池の水にもルールはあるが、実際には行われない。

池に近い田は満水するが、下の田はほとんど入らない。その上、火災の時の用心水ということで、三割から四割を残すので、下の田は泣寝入りである。それでも費用だけは同率で負担する。

◎雨乞（アマゴイ）＝雨請

昔はすべて「かなわぬ時の神だのみ」であった。

雨乞というのは、日照りが続いて、田に入れる水がかれてくると、だれ言うとなく「雨乞」をしようということになる。

庄屋（区長）がそれぞれの村中へ触れを廻して、まず、雨乞日待を行う。これは、お宮の拝殿に夜参集、神主や社僧が先導して夜どおし心経を唱えてお祈りをする。のちには、お神酒をいただき雑談で過ごすようになる。

次ぎには、「コーリトトリ」が行われる。この地方では、以前は八大字、または九大字が一緒にやる。

龍門の瀧。付近一帯が奈良時代に建立された龍門寺の跡で「久米仙人伝説」などに彩られる。近世は雨乞いの「コーリトリ」の舞台でもあった（吉野町山口）

「川原屋」「立野」「志賀」「峯寺」「佐々羅」「西谷」「平尾」「山口」と「香束」である。七宮参りというのも「コーリトリ」のための村々宮参りである。

「コーリトリ」は、榊《さかき》の葉を妹山の下の吉野川へつけて、それを山口神社の社前に供える。夜、提灯《ちょうちん》を持って行ったこともある。

山口の「コーリトリ」は瀧《たき》に集まって、榊の葉を瀧の水につけて上の龍王さんの社前へ供え祈願を三十三度繰り返す。老人は瀧の前に座って「心経」を唱える。皆「アメタモレタモレヨ、クモニシルケガナイノカヨ」と、唱える。

龍門の瀧での雨乞で、村人の誠意が神に通ずると、龍神さんの家来の龍（実はヤツメウナギか？）

が瀧上りをすると、昔から伝えられている。

私の父もそれを見たと言い、その時は、大夕立があって、家へ帰るまでにずぶ濡れになったという。

しかし、そんな時ばかりではない証拠に、瀧の「コーリトリ」を二・三回も繰返し行った年もあった。

そうなると、人々の気持ちはだんだんとがってきて、番水でも水が盗まれたり、時間が少し早かったとか、下の水をかえたとかで争いが絶えない。

洗濯物を干《ほ》している家に「そんなことをしているから、雨が降らんのや」と、どなり込まれる始末。

次ぎは岳上りである。龍門山頂の岳明神に祈るのである。区民総出で夕方から山へ登って一晩中祈ったり、盆踊りをしたりする。

柳（編注：龍門郷の一村）は「火ふり」をした。

宇陀郡の村々では、高野山で「聖火」をいただいて来て、その火をたいまつにつけて山登りして祈った由。乾き切った夏山へ「火ふり」をするのだから、危険この上ないと思うのだが、この火で火事が起こったことはないという。

上田文書「二郷半雨請諸費割方帳」によって、昔の雨乞の様子を調べてみよう。わかりにくい言葉が多い。

天和三年（一六八三）　出家衆五人分礼銭造用雨乞入用八村へカケル

元禄六年（一六九三）
享保元年（一七一六）
〃　三年
〃　四年　　　　　　龍王やごもり
〃　五年　　　　　　龍王おこない
〃　九年　　　　　　龍王さま願
〃　一〇年　　　　　角力
〃　二〇年
元文元年（一七三六）
寛保元年（一七四一）クズ龍泉寺　仙人酒　カヤ油　シガエ
〃　三年（一七四三）岳上り
延享二年（一七四五）ばさおどり　いさめ　夜こもり
寛延三年（一七五〇）大般若経まいり
宝暦五年（一七五五）あやつり
〃　六年　　　　　　〃
〃　八年　　　　　　あやつりかぐら

〃　九年　　　　　　　九ヶ村おどり、龍王様おかりや送り、いさめおどり
〃　一〇年　　　　　　雨乞三度
〃　一一年
明和三年（一七六六）　瀧いのり
〃　五年　　　　　　　瀧いのり、角力、とうろうかけ
〃　八年　　　　　　　いさめ
安永六年（一七七七）　角力
〃　七年　　　　　　　いさめおどり
〃　九年　　　　　　　〃
天明四年（一七八四）　三十三度のコーリトリ、オドリ
〃　五年　　　　　　　とうろうかけ
寛政元年（一七八九）　いさめおどり
〃　四年　　　　　　　百度まいり、願すまし、コーリトリ
〃　五年
〃　六年　　　　　　　五條御役所届人夫料
（百姓一揆盛行時代だから雨乞集会に神経をとがらしたか？）

〃　九年　　　　龍王、風神、雨神、御供
〃　一〇年　　　角力
〃　一一年　　　高野迎人足料（高野山の火をうけに入った？）

雨乞角力というのは珍しい。僧侶の祈願、村人のおこもり祈願、コーリトリ、いさめおどり、雨の降るまで色々の手段で祈ったらしい。

日増しに細っていく谷川の水、田の水がかれて米が実らなかったら、是非果たさなければならない上納ができない。

徳川時代の上納は、すべて米で割り当てられる。しかし、全額米納ではなく、九割は現金納で、その現金を作るのが大変である。村人は凶作がくると、極限の生活に陥る。したがって、雨乞は必死だった。

妹山では「なもでおどり」というのを、万策つきた時に奉納したという。かつて、吉野川地域総合調査の節、河原屋の野木勘十郎氏が、明治二十五年に子供のころ踊った記憶をたどって再現したのだが、その型式は伝わっていない。

山口地区では「いさめおどり」というのがでてくるが、「なもでおどり」は記載がない。大方同じようなものだったろうか。「雨乞」「日待」や「コーリトリ」は、第二次大戦後気象情報が出るようになってから、次第に廃《すた》れてしまった。

現在でも、当地で行われているのは風日待《かぜひまち》である。二百十日の数日前に、神社の拝殿に村中が集まり、神官の祈願のあとよもやま話をして夜をふかす。昔は朝までつとめたらしい。皆それぞれ山海の珍味を持ちより、お神酒もでるので、その晩は楽しみだった。このごろは、十数名しか集まらぬ由。

千年以上の昔、龍門地区では、山口神社や龍門寺で祈雨の祈願が、国家の公的行事として行われた。それらは、延喜式、三代実録などに記載されているが、どんなやり方だったか不明である。

◎雨喜び
かくて待望の雨が降ると「雨喜び」といって、村中農休を触れ歩いて、その翌日は半日休業。その日の夕食は各戸で御馳走（米のめし）がよばれられるので、老人や子供は何よりの楽しみだった。夜は雨喜び日待を神社で行う。神様が雨を降らせてくださったお礼のための日待である。

◎止雨の祈願
かつて大宮の宮寺の社僧は、大洪水の元になる降りすぎの雨を止める祈祷をしたそうだが、雨乞に必死になる村人も、止雨には余り関心を持たなかったようである。この地方では、往昔、龍門岳からホラが出た（山崩れでせき止められた水が大洪水となる）という伝承はあるが、それ以外長雨のための大被害はなかったようである。

◎順季喜び

雨つづきの年より、少し日照りであった方が、病虫害の発生が少なくて豊作であった。二百十日と二百二十日の台風ものがれて、今年の作柄の見通しがつくと、「順季喜び」という農休日があった。祈年祭、御田祭、雨乞、風よけと神社に祈願を続けて来たのだから、豊作の感謝祭である。各大字がおもちの御供（ゴク）を供え、村中半日休みになる。

終戦後も祈願祭はするが、特別の感謝祭はしなくなった。かつては、農家収入の最大のものだった米が、村人の所得の極僅かなものでしかなくなったからでもある。

◎稲の品種

最初の稲がどんなものであったか分からない。私は、かつてわら屋根に使ってあるわらから推察して、つぶのつき方も悪く、品質もよくなかったらしい。

熟期は明治・大正時代でも十一月に入ってから稲刈りだから、現在に比べたら一月も遅い。最近この地方では、八月十五日から二十五日頃が開花期だが、その頃は二百十日後だった。

徳川期になって、農民に課せられた最大の責務は上納だったから、少しでもよく取れる品種を探したはずである。今と違って、旅行は種々の面から制約されていたが、伊勢参り、奈良参りなどの折、道端でよい作柄の稲があると抜穂をしたり、すごいたりして持ち帰ったらしい。

徳川の末期から明治にかけて、日本三老農の一人、中村直三翁が、稲の良種の比較試験を行い、希望者に無償配布した。同氏の郷土の名をとって、「永原穂」という。甲地でよいからといって、必ずしも乙地でもよくできるとは決まらない。それでも、品種の改良には大きな貢献をした。

明治の中ごろに農商務省は、河内の柏原に農事試験場支場を作り、ここで本格式に品種改良に乗り出す。つづいて、各府県に農事試験場ができ、そこから出す原種を栽培、それを原種として各地の農会へ配布。町村農会は採種圃を作って、その種を農家へ配布した。かくて改良された品種は、収量、耐病虫害性強く、すべての点で在来品種を凌駕した。

開花期が早くなり、古来台風シーズンの二百十日や二百二十日はあまり心配はなくなった。かくて、収量は文禄検地頃の二～四倍となり、品質も向上する。

◎直播と苗代

稲作で直播をする人も僅かだがあった。山間の日当たりの悪い田でやっていたのを覚えている。田に水を入れて、土を細かくし、こなげ、ならしたあと水を少なくして、エブリというので平坦にかきならす。

そして、落水、エブリに似たのを引き回しスジをつけ、縦・横の交差した処へ種をまく。鳥害が心配なので水をはるが、もみが歩くといって動くので発芽が不揃いになる。あとで植え添えしたり、よく生えた処を分けたり骨が折れる。田植えの手間は省けるが、雑草がよく生えるので田かじ(中耕)を一度余計にせねばならぬ。これは極めて僅かのケースで、殆ど苗代で作った苗を移植する。

苗代は直播のときと同様に、田面をならして水を入れ、それにばらまく。昔はそのままの広さ、のちには一定の間隔、四尺（一・二メートル）ぐらいの間を歩いて畦形にまく。

明治の末から大正にかけて、改良苗代というのが奨励された。これは一メートルから一・三メートルの畦《うね》をつくりそれにまく。これは当時、小学校生徒によって行われた。しんむし（二化メイ虫）の採卵に便利であった。畑苗代もあったが鳥に殆どやられる。水苗代でも蛙と鳥の被害に手をやく。

籾《もみ》種は、昔は簡単な風選、のちに水選または塩水選（硫安水でも）して、たらいまたは河水で一週間から十日間浸水する。水をきって、苗代へ水をはってまく。一週間ぐらいして芽を出すと落水、夜ぼしをする。そのとき灰を上へやる。

最近では殆ど改良苗代、溝を掘って上げた土を畦の上にひろげ、肥料をやり、こなげて水を入れてまく。上に籾《もみ》がら燻炭《くんたん》をやる。または防鳥のため、水から引き上げて、水を切ったあと、籾に光明丹をまぶしてまき、糸を引いたり、網をきせる。

一反の所要種子量、昔は五〜六升（九リットル〜十一リットル）。その後だんだん減り三升ぐらい。それを五坪（十七平方メートル）〜十坪（三十三平方メートル）位にまく。

昔は苗代の期間五十日から六十日。四十九日目を苗厄（ナエヤク）といって、この日は田植えを休んだが、この頃では三十日前後で植え付ける。

苗代で苗の成長がよく豊作であるように、今でも、御田《おんだ》祭にいただく杉葉と正月十五日のかやの箸、宮のお札を水入口に立てる。

苗代。山口神社の御田祭でいただいた杉葉を立て、苗の成長を祈る。

◎田植

昔は青草を切って本田の畦《うね》の上にふり、溝から始めて備中鍬でうちならす。水を入れて畦《あぜ》をぬりならす。

山田の小さい田はそのままで植えるが、普通は五尺（一・五メートル）～五尺二寸位の間隔に縄を引き六株ずつ植えて下がる。

農林学校では一本の縄に、何十人か並んで数株ずつを受け持ち、両方に二人いて縄を一定間隔にずらしていった。

早朝まず苗取りをして朝飯、二十刈り約五畝歩（五アール）を植えるのが一日の仕事の量。すべて「さおとめ」といって女の仕事であった。国中（クンナカ）地方では一日一反（十アール）植えるとのことだが、植え手は男で間隔も六尺と広かった。

節田というのは一毛作田で、五月末から六月始め、中田というのは、六月十五日頃から大体二十一日から二十二日に終る。何分水仕事で一定期間に終らねばならぬので、遅れていると「ユイにする」といって手伝いあった。たまには日照りのため、六月末頃までかかることがあり、戦争中、七月末に植えたこともあったが、これは殆ど収穫ゼロだった。

◎手入

植え付け後十日程で田かじ（中耕）、これは数日を隔てて縦・横一回ずつ、農林学校の農場のような粘土地では、柄の短い雁瓜という鍬で、腰を曲げて打ち返した。

昭和始めから田打車というのが出て来て、押して歩けばよくなった。つづいて、一週間位おきに草取り、田の中をはい廻って、大体三・四回目は七月末に終る。それを止め草という。腰の痛い、ときには稲葉で目をつくこの重労働も、除草機を押せばよいようになった。

かつて、田かじの効果は、田の底土を反転して外気にさらし、温熱を地下に導き、肥料分解を促し、土地の理学的性質を改善するんだと教えられたが、結局、除草目的が主眼であったらしく、除草剤が普及すると、水田は不耕栽培に代わった。

止め草取りがすむと、さはい（うんか）防除。注油駆除をする。昔は虫送りだったが、二百年ぐらい前から魚油、菜種油などの注油駆除が行われ、稲作の大害は除かれるようになった。のちには軽油も用いられるようになった。

それは、昼間の最高気温の時、竹筒に油を入れ、その先にあいた小穴から畦間を歩いて点々と落としていく。油はすぐ水面に広がるから、竹ざさを棒の先にしばったので稲株をゆすり、虫を落下させ死滅させる。その後したき（刈り草の干したもの）を畦間に入れた。

出穂は二百十日前後、九月中旬にはしんむし（二化メイ虫）被害をうけた白穂が目立つので、それが蔓延防止のため、稗《ひえ》切りと同時に切り取る。

落水は九月下旬から十月始め。稲刈りは十一月始めから中旬にかけて、鋸鎌で刈り取ってハゼにかける。ハゼかけは二・三週間。

古くは、竹の割ったのを数本束にし、それですごく。のちには金扱きでこいで「こも」「むしろ」で二日ぐらい天日に干す。天気が悪いと何日もかかる。干した籾《もみ》は一日二・三回反転する。

そして、「うすひき」である。子供らは学校へ行くまで朝の間に手伝う。ランプの光でゴロゴロと全く無神経な動作。「とうみ」で籾がらをとばし「千石どおし」で米と籾をより分け、一日の仕事量三人で米一石ぐらいか。

すりぬかは貴重な燃料。養蚕に使うようになって、田のない地方へ運ぶ人がいた。米は俵に四斗（一五〇キロ）ずつ入れて五カ所しばる。冬は寒じめというのをやったが、それでも穀象（コクゾウ）や長虫の被害が多く、その対策に苦慮した。小名（編注：現吉野町）の老農岡本吉蔵氏は、何でもよく考えた人で、害虫防除に、すりぬかの中へ俵を埋めたらよいということでやってみたが、すりぬか落としが大変だった。が、石油空き缶の貯蔵はよかった。

当時、国栖（編注：現吉野町、和紙の産地）から俵の中へ入れるタテという紙袋を売りに来た。できた米は、たいてい、からうすでついて精白する。どこの家でも、その日の所要量は当日ついたもので、子供たちの仕事である。自家では水車を利用し、よその分もついた。未熟の籾はそのままでは砕けるから、一応蒸し、乾かしてから籾すり、できた米は蒸し米といって、御飯にするとプンと変なにおいがした。

◎肥料

原始時代焼畑に始まる耕作法は、水田作りになってからも、山野草を主要な肥料とする。どの村にも入会山（イリアイヤマ）というのがあって、その村の人たちだけでなく、特定の契約による他村の人もそこで草刈りができる。

旧暦の五月（今の六月）が山の口と唱え、その日が山びらきであり、皆総出て草刈りをする。一反当たり四・五十貫（一貫は約四キロ）から百数十貫も入れる。

押切りで切って積んでおくか、そのまま裏作の畦や田面に散布する。

徳川中期、富農は「ヒカス」（焼酎のしぼりかす）「菜種油かす」「綿実油かす」などを少量使ったが、一般はこの草肥だけである。

明治二十年ごろ、色生地区（編注：現吉野町）で石灰をやく人があり、これを買って施用。石灰は水中に入るとブクブクと水をわかすので、土をわかし有機物を分解する効力があり、最初一・二年は驚くほど増産できたらしい。

しかし、石灰それ自身は肥料分を含まないため、有機物を施さず石灰単独連用では土質を悪化した。

明治時代反当たり菜種油を五合から一升水面にまくと、他の肥料は不要という人もいたが、油には肥効はないが、水を温め地温を上げるための理学的効果はあったことかと思う。

昭和二十年代、兵庫の多木肥料会社が過燐酸石灰を発売。
昭和の初めに日本チッソが熊本で硫安を作るようになって、各種の人造肥料が出現する。（それまで硫安などもすべて輸入だった）
明治時代は「油かす」「綿実かず」「大豆かす」等の有機肥料時代。大正にはそれに化学肥料を加味した時代。昭和になってから、有機肥料は単位当たり成分が高価につき、草肥は人件費が高くつくため、無機肥料全盛となる。
大正八・九・十年ごろの養蚕景気時代、無数の肥料会社が出現したが、不況がきて消滅する。

◎農機具
鍬（平鍬・備中鍬）と鎌が基本だった。耕うん、整地は「備中鍬」、畦《うね》たて溝切りは「平鍬」、畦《あぜ》ぬりには重い平鍬を使った。

牛を使っての耕起は、かなり古くから行われたらしく、木製の「からすき」があった。これは重く、回転の時に大変だった。

「田かじ鍬」は大正末期から「田打車」、除草には「除草機」が出現。稲こきは大正十年前後「回転稲こき」ができたが、中々普及しなかった。調製は「籾すりうす」だったのが、昭和の初めごろから「動力籾すり機」に代わり、各戸巡回して作業する業者が出てくる。

◎農薬

昔は病虫害にはお手上げであった。祈年祭はその年の豊作を神に祈ったものだし、虫害駆除、虫封じの御符が神社で配られ、御田祭《おんだ》のお札が苗代田の入口に、竹に、はさんで立てられていた。当時「いもち病」というのは、稲の熱病だから、水の「かけ流し」をして冷やすのがよいとされた。大正末期、反当たり硫安を十貫匁（約四十キロ）初めて使ったところ「肥いもち病」が発生、水の「かけ流し」をしたが、雑草の稗だけを残してほとんど全滅した。

さはい虫（よこばい・うんか類）は稲の大害虫で、時々大減収、または、収量皆無となる。注油駆除が行われるようになって、虫害によるききんは少なくなった。

「もぐら」には適当な農薬はなく、ハサミをかけるしか方法なく、「いのしし」には、以前は「ししおい」といって、村中が夜中寝ずの番、または、特別許可を受けて「おどし鉄砲」を使った。

「いなご」の被害も相当のものだったが農薬で絶滅した。

「わら」は大切な副業の資材だった。「香束むしろに柳炭」といわれ、この地方では、「なわ」「むしろ」など冬期の副業に大切な材料。男は炭焼き薪作り、女はほとんどわら細工をした。「なわ」は川上の杉、桧の木起こし用にかなりの需要があり、買い集める人もいた。

◎結び

以上米作りの歴史とその方法の変遷を述べてきた。

さて、今の米作りは、それらに比べて大きな変わり方である。

一、優良品種の出現

倒伏の少ない、病害虫に強く、品質よく、収量の多い、全く理想的な品種が作出され普及した。

一、苗代《なわしろ》

苗はかつての面積の十分の一ぐらい、ビニールを覆った箱の中で、二十日か二十五日ぐらいで手軽に育成できる。

一、耕うん

耕うん機の普及で人力耕起や牛耕はなくなった。

一、田植

ここ数年で田植機が完全に普及した。腰の痛い田植作業が、機械でできたらというのは人々の長い間の悲願だった。大正から昭和にかけて、全国で多くの人々がその機械の発明に取り組んだ。その一人に、元、龍門村平尾の故森本清一郎さんがいる。長年の苦労が実って、戦後、某農機会社から権利譲渡の交渉があったとか。

一、農薬の普及

除草剤の普及によって、草取り、田かじなどの作業がなくなり、メイ虫、うんか、イモチ病も克服できるようになった。

終戦後、農薬には、強烈、猛毒なものがあったが、漸次低毒性のものが研究開発された。

一、刈取、脱穀、乾燥

鋸鎌《のこぎりかま》での刈り取りはすべて刈取機に、金《かな》こぎ、回転稲こきから動力脱穀機に、天日乾燥から電熱乾燥にと転換。刈り取り脱穀を兼ねた大型機械がぼつぼつ導入。「はぜかけ」「わら切り」も省略できる。

一、調製

動力機械により「うすひき」「とうみかけ」「千石どうし」等々の作業を省いて、籾《もみ》からすぐ米になる。

一、収納

供出は規定の袋により、自家用は罐に貯蔵、重い俵を扱う必要なく、虫害の心配がない。

以上のように、今の米作りは、すっかり昔の様相を一変した。

米一石（一五〇キロ）を作るのに、昔は延べ労力五・六十日、今は恐らく十分の一ぐらいに短縮された。

かつては、一年の半分以上を三反から五反の水田にかかっていたのが、勤めの片手間の日曜百姓と変わる。

それより一番大きな利益は、過激な身をすり減らす労働からの解放である。同時に、米作収入が農家の経済の極僅かなものとなった。その上、三反百姓でも一応機械を揃えると、百万円以上となり、マイナス効果をもつ。

明治から大正年代、どの村でも専業農家が九十％以上を占めていたが、今は片手間農家ばかりである。

今の米作は長い長い過去の歴史の中での、血と汗の戦い、少しでも楽にと先人の英知の結集が実を結んで、正に、労働の天国である。

（昭和六十三年十月）

〔著者〕
上島　秀友（うえじま・ひでとも）
日本ペンクラブ会員。昭和２９年（1954）、奈良県香芝市良福寺に生まれる。昭和５２年（1977）、中央大学法学部を卒業。香芝市役所時代に二上山博物館の企画や地域文化情報誌『香芝遊学』の編集を担当。現在、奈良県広域消防組合運営調整室長。学校法人誠優学園理事。香芝市史跡整備委員。著書に『小説大津皇子 一二上山を弟と』（青垣出版）、『天の二上と太子の水辺』（学生社）、『片岡の歴史』（ＦＭ西大和）、『勇ましきレジェンド　明日への一球』（椿シュウ・文芸社）。論文に「芝村騒動と耳成山」「大津皇子の二上山墓と薬師寺龍王社」（『大和の歴史と伝説を訪ねて』＜三弥井書店＞所収）、論文に「天武天皇の殯儀礼に関する一考察ー二十七ヵ月の殯が意味するもの」（『塚口義信博士古稀記念日本古代学論叢』＜和泉書院＞所収）など。

上田　龍司（うえだ・りゅうじ）
明治３７年（1904）、吉野・龍門の里（吉野町山口）に生まれる。大正１１年（1922）、旧制奈良県立吉野農林学校を卒業、家業の農業に従事。種苗業・採種業を兼業、営農指導員なども務める。かたわら家蔵の古文書（県有形文化財指定の「上田家文書」）の整理、解読に注力、あわせて郷土史の研究と郷土の文化財保存に努めた。また、晩年は古文書教室の講師や解読指導に力を注いだ。
平成９年（1997）、９３歳で死去。

芝村騒動と龍門騒動
ー大和の百姓一揆ー

2016年10月28日　初版印刷
2016年11月15日　初版発行

著者　上島秀友
　　　上田龍司
発行者　靍井忠義

発行所　有限会社　青垣出版
〒636-0246 奈良県磯城郡田原本町千代３８７の6
電話 0744-34-3838 Fax 0744-47-4625
e-mail wanokuni@nifty.com
http://book.geocities.jp/aogaki_wanokuni/index.html

発売元　株式会社　星雲社
〒112-0012 東京都文京区水道１－３－３０
電話 03-3868-3275 Fax 03-3868-6588

印刷所　互恵印刷株式会社

printed in Japan　ISBN978-4-434-22522-2

青垣出版の本

奈良の古代文化①
ISBN978-4-434-15034-0

纒向遺跡と桜井茶臼山古墳

奈良の古代文化研究会編

大型建物跡と２００キロの水銀朱。大量の東海系土器。初期ヤマト王権の謎を秘める２遺跡を徹底解説。

Ａ５変形判１６８ページ　本体１，２００円

奈良の古代文化②
ISBN978-4-434-16686-0

斉明女帝と狂心渠《たぶれごころのみぞ》

靍井 忠義著
奈良の古代文化研究会編

「狂乱の斉明朝」は「若さあふれる建設の時代」だった。百済大寺、亀形石造物、牽牛子塚の謎にも迫る。

Ａ５判変形１７８ページ　本体１，２００円

奈良の古代文化③
ISBN987-4-434-17228-1

論考 邪馬台国＆ヤマト王権

奈良の古代文化研究会編

「箸墓は鏡と剣」など、日本国家の起源にまつわる５編を収載。

Ａ５判変形１８４ページ　本体１，２００円

奈良の古代文化④
ISBN978-4-434-20227-8

天文で解ける箸墓古墳の謎

豆板 敏男著
奈良の古代文化研究会編

箸墓古墳の位置、向き、大きさ、形、そして被葬者。すべての謎を解く鍵は星空にあった。日・月・星の天文にあった。

Ａ５判変形２１５ページ　本体１，３００円

奈良の古代文化⑤
ISBN978-4-434-20620-7

記紀万葉歌の大和川

松本 武夫著
奈良の古代文化研究会編

古代大和を育んだ母なる川—大和川（泊瀬川、曽我川、佐保川、富雄川、布留川、倉橋川、飛鳥川、臣勢川…）の歌謡（うた）。

Ａ５判変形１７８ページ　本体１，２００円

大集結　邪馬台国時代のクニグニ

ISBN978-4-4-434-20365-7

石野博信・髙橋浩二・赤塚次郎・高野陽子・武末純一・寺澤薫・村上恭通・松本武彦・仁藤敦史著
香芝市二上山博物館友の会「ふたかみ史遊会」編

東海・北陸以西の考古学の第一級研究者が一堂に集まり、最新の研究成果を発表。倭国の２・３世紀のクニグニの状況を明らかにする。

四六判３４０ページ　本体２，０００円

邪馬台国時代の関東

ISBN978-4-434-21224-6

石野博信・赤塚次郎・大村　直・西川修一・比田井克仁・深澤敦仁・森岡秀人著
香芝市二上山博物館友の会「ふたかみ史遊会」編

近畿派と東海派の競合、在地勢力との軋轢。邪馬台国時代（２・３世紀）の関東の状況を考古学から追究する。

四六判２９２ページ　本体１，９００円

青垣出版の本

古代氏族の研究①　ISBN978-4-434-16411-8

和珥氏—中国江南から来た海神族の流れ

宝賀 寿男著

大和盆地北部、近江を拠点に、春日、粟田、大宅などに分流。

Ａ５判１４６ページ　本体1,２００円

古代氏族の研究②　ISBN978-4-434-16411-8

葛城氏—武内宿祢後裔の宗族

宝賀 寿男著

大和葛城地方を本拠とした大氏族。山城の加茂氏、東海の尾張氏も一族。

Ａ５判１３８ページ　本体1,２００円

古代氏族の研究③　ISBN978-4-434-17675-3

阿倍氏—四道将軍の後裔たち

宝賀 寿男著

北陸道に派遣され、埼玉稲荷山古墳鉄剣銘にも名が見える大彦命を祖とする大氏族。

Ａ５判１４６ページ　本体1,２００円

古代氏族の研究④　ISBN978-4-434-18341-6

大伴氏—列島原住民の流れを汲む名流武門

宝賀 寿男著

神話の時代から登場する名流武門のルーツと末裔。金村、旅人、家持ら多彩な人材を輩出。

Ａ５判１６８ページ　本体1,２００円

古代氏族の研究⑤　ISBN978-4-434-19116-9

中臣氏—ト占を担った古代占部の後裔

宝賀 寿男著

大化改新（645年）で中臣鎌足が藤原の姓を賜って以来、一族は政治・文化の中枢を占め続けた。

Ａ５判１７８ページ　本体1,２００円

古代氏族の研究⑥　ISBN978-4-434-19823-6

息長氏—大王を輩出した鍛冶氏族

宝賀 寿男著

雄略、天智、天武ら古代史の英雄はなぜか、息長氏につながる。「もう一つの皇統譜」の謎に迫る。

Ａ５判２１２ページ　本体1,４００円

古代氏族の研究⑦　ISBN978-4-434-20825-6

三輪氏—大物主神の祭祀者

宝賀 寿男著

奈良盆地東南部の磯城地方を本拠に、三輪山を祭祀。大物主神の後裔氏族とされる。

Ａ５判２０６ページ　本体1,３００円

古代氏族の研究⑧　ISBN978-4-434-21768-5

物部氏—剣神奉斎の軍事大族

宝賀 寿男著

ニギハヤヒノミコトを祖神とし、神武東征以前に河内の哮峰《いかるがみね》に天磐船《あまのいわふね》で降臨したと伝承。同族諸氏最多、全国に広がる。

Ａ５判２６４ページ　本体1,６００円
